DERECHOS HUMANOS

¿Qué Son Realmente?

Por Robert Stephen Higgins

Bradich Books · Canadá

Publicado por Bradich Books, Guelph, Ontario,
Canadá N1H0A9
www.bradichbooks.com

Derechos de Autor © 2008 por Robert Stephen Higgins
Todos los derechos reservados; extractos de hasta 100 palabras pueden citarse libremente en cualquier publicación, siempre y cuando esta fuente se indique claramente.

Traducción del inglés al español por Emma Colina, Maracaibo, Venezuela

Diseño de cubierta por Infinite Images, Guelph, Ontario
Construcción de la foto de portada compuesta por Infinite Images y el autor. Derechos de autor sobre imágenes constitutivas por Bradich Books o Big Stock Photo, Inc. o iStock International Inc. o sus proveedores.
Diseño interior por Conceptual Design, Johannesburgo, Sudáfrica

Catalogación en Publicación en Library and Archives en Canadá
Higgins, Robert Stephen, 1941-

Derechos humanos: ¿qué son realmente? / por
Robert Stephen Higgins
Incluye referencias bibliográficas.
ISBN 978-0-9810631-4-0
1. Filosofía de los Derechos Humanos. 2.
Derechos Humanos I. Título
JC585.H54 2008   323   C2008-906007-5

Para ordenar una copia impresa de *Derechos Humanos, ¿Qué Son Realmente?* dirígete a
www.truehumanrights.com

Impreso en Canadá
Primera Edición

DEDICACIÓN

Dedicada al recuerdo amoroso de mis padres, Clara y Bernie, que fueron los primeros en creer en mí, y a mi querida esposa Ivanka, cuyo amor y apoyo siempre ha estado ahí.

PROMESA

Este libro traerá claridad a todos los que sienten inseguros sobre su estatus en este mundo de poderosas organizaciones e instituciones. Este libro traerá esperanza a aquellos que se sienten engañados por la injusta distribución de la riqueza. Este libro hablará la verdad a los que están confundidos por la retórica de derechos humanos.

CONTENIDO

PREFACIO

INTRODUCCIÓN

1 PROGRESO DE LOS DERECHOS HUMANOS
Desarrollo Histórico
Perspectivas

2 TEORÍA
Derechos Naturales
Propiedad de Uno Mismo
Propiedad de Bienes
Propiedad de Animales
Propiedad Colectiva
Desconocimiento de los Derechos Humanos

3 IMPLICACIONES
Responsabilidad y Seguridad Personal
Libertad de Asociación y Derechos de Grupo
Seguridad de la Propiedad
Control de Animales
La Tierra y Otros Recursos Naturales
Práctica de la Religión
Educación
Negocios y Comercio
Papel del Gobierno

4 NOCIONES FALSAS DE LOS DERECHOS HUMANOS
La Necesidad Genera un Derecho

Todas las Personas son Iguales
El Precedente Establece un Derecho
Declaración Universal de Derechos Humanos de la ONU

5 IMPLEMENTACIÓN
Derechos a ser Implementados
Constitución Política
Legislación
Dominios Alternativos
Operación Comercial
Educación

6 FUERZAS OPOSITORIAS
El Juego del Poder
La Codicia y el Capitalismo
Tribalismo Extremo
Idealismo Social

7 UNA VISIÓN TOTAL
Actitudes
Una Nación Basada en Derechos Naturales
El Camino a Seguir

SUPLEMENTO

Teoría de los Derechos Humanos Aplicada a Problemas Actuales

Matrimonio Entre Personas del Mismo Sexo
Adopción de Niños
Aborto
Circuncisión
Pena de Muerte
Reclamaciones de Tierras Aborígenes
Desintegración de los Estados
Injerencia Estatal
Conquista de los Estados
Pobreza Mundial

Apéndice: Resumen de los Derechos bajo la Declaración Sankey

Bibliografía
AGRADECIMIENTOS

PREFACIO

Cuando era un niño en la escuela primaria, me sucedió algo que trajo a la luz el tema de los derechos humanos. Era una tarde de primavera y mi maestra de 6to grado había guardado las lecciones normales, tal como lo hacía periódicamente, para leer una parte de la novela de Mark Twain "Tom Sawyer". Este era un evento muy esperado por toda la clase y su esperanza más ferviente es que no hubiera ninguna interrupción. La hubo, sin embargo, cuando la profesora me pidió que me quitara mi suéter. Aunque todavía estaba lo suficientemente caluroso para poder hacerlo, incluso con algunas de las ventanas abiertas, tuve un problema. Había una imagen grande en la parte posterior de mi camisa de manga corta que me daba vergüenza revelar a la clase. Así que me negué a quitarme el suéter. La maestra declaró que no procedería con la lectura hasta que me quitara el suéter. Durante los 15 minutos de total silencio que siguieron, tuve que luchar con la cuestión de quién tenía el derecho de controlar mi suéter en mi cuerpo. Esto implicó un análisis del sistema escolar en el que estaba y, en particular, los límites del poder de la maestra sobre mí. Sintiendo que tenía una razón personal para mantener mi suéter puesto y que eso era suficiente, decidí esperar al final del día antes de quitármelo. La maestra, sin embargo, decidió poner fin a la crisis al llamar a un receso al patio de la escuela donde defendí mi posición a mis compañeros argumentando que la decisión de ponerme o quitarme mi suéter era mía solamente.

Durante toda mi vida adulta he estado consciente de una frontera entre mis derechos naturales como persona y el poder de los gobiernos y otras organizaciones sobre mí. Lamentablemente, ha habido operación sistemática por ambos sobre esa frontera. Esto ha incluido la inclinación agravante de decirme qué pensar sobre ciertas cuestiones generales como qué derechos tiene una persona. Como lo veo, retroceder esta incursión requiere una definición clara e inequívoca de los derechos humanos universales y permanentes que marcan el terreno donde los gobiernos y otras organizaciones no pueden pisar. Este libro es mi intento de hacerlo.

Robert Stephen Higgins, marzo del 2005

Introducción

Para que una persona tenga seguridad y libertad en su vida, debe haber derechos que aplican al individuo. Los otros miembros de la comunidad y el gobierno deben respetar estos derechos también. Sin derechos comúnmente aceptados y los medios para hacerlos cumplir, no existe ningún sistema de defensa contra los apetitos de los fuertes, la voluntad de la mayoría o las ambiciones desmesuradas de los líderes. Algunos grupos de personas serían especialmente vulnerables: las mujeres en algunos países, los miembros de las minorías visibles étnicas o religiosas, los homosexuales y los indefensos. La defensa de los derechos depende de la identificación de los verdaderos derechos fundamentales. Mezclar falsos derechos resulta en que la energía y recursos limitados sean empleados de forma derrochadora y, más importante aún, por lo general resulta en que se pisoteen los derechos reales. Este libro presenta una teoría de los derechos fundamentales verdaderos e identifica los derechos falsos que se están implementando de forma dañina. Se argumenta que identificar los verdaderos derechos implica más que las inclinaciones morales o sociales de uno; implica el razonamiento y el análisis, si los requisitos cruciales de la verdad permanente y la universalidad han de satisfacerse.

La primera cuestión es, "¿Qué es un derecho?" Un derecho es una razón obligatoria para darle algo al titular del derecho, esta razón basándose en un principio irrefutable o un contrato definitivo. El derecho es dirigido a alguien que es capaz de suministrar el "algo". Por lo tanto, hay tres elementos necesarios en un derecho:

> Un titular del derecho (es decir, el sujeto del derecho)
>
> Persona o personas que son abordadas por el derecho
>
> Alguna obligación específica colocada en la persona/personas abordadas en relación con el titular del derecho

Si faltara alguno de los elementos en la declaración de un derecho, entonces el derecho no es válido o carece de fuerza. Por ejemplo, la afirmación de que una persona tiene el derecho a trabajar carece de fuerza porque es enteramente especulativo en cuanto a quien aborda el derecho y cuál es su obligación.

También es importante incluir todas las condiciones o requisitos en la declaración del derecho para que sea absoluto y no condicional, porque las condiciones diluyen la fuerza del derecho. Por ejemplo, se podría afirmar que una persona caminando frente a un cine tiene derecho a entrar al cine. Si la persona tratara de ejercer este derecho, probablemente sentiría un golpecito sobre su hombro solicitándole una entrada. Correctamente dicho, una persona que compra una entrada en un cine tiene el derecho a asistir a la función cubierta por la entrada. Si se siguen estas reglas que declaran los derechos, y se toma cuidado para expresarlas con precisión, se evitarán muchas discusiones innecesarias sobre un derecho cuestionable.

La importancia de un derecho es que es una causa definitiva para la acción o inacción del titular del derecho y su efecto está enfáticamente en el aquí y ahora. No es una exhortación de que algo debe hacerse (o no hacerse). Los movimientos en base a eso requerirían un consenso entre los llamados a apoyar y contribuir a la acción. Se referirían a sus moralidades o éticas elegidas, consideraciones prácticas, deseos y miedos, incluyendo su miedo al cambio. Los derechos, por otra parte, están basados en principios y obligaciones previamente aceptados, son claros e inequívocos, y son absolutamente convincentes. Los derechos tienen el poder para apoyar la seguridad y la dignidad de cada persona en la comunidad, generar resistencia y castigos cuando se transgreden y mantener a raya los poderes mayores. En el caso de una infracción grave, el derecho puede justificar el uso de la coacción y la fuerza. Por ejemplo, un ladrón aprehendido puede ser obligado a devolverle al dueño lo que fue robado, y una persona que está bajo el asalto físico puede utilizar tanta fuerza como sea necesaria para repeler al atacante.

    Sin embargo, el uso de la coacción y la fuerza normalmente está reservado para los gobiernos en la aplicación de sus leyes. En sistemas políticos respetables, se supone que algunas leyes protejan los derechos de todos los individuos, mientras que el resto de las leyes no deben entrar en conflicto con los derechos fundamentales. Incluso en este modo adecuado de gobernanza, así como los regímenes abusivos que son demasiado comunes, el gobierno retiene el poder unilateral para obligar al ciudadano y utilizar fuerza en su contra. Existe la posibilidad en esto para que el gobierno irrespete y posiblemente les haga daño a las personas en sus posesiones, perspectivas o en su persona. Mientras que la mayoría de los ciudadanos del mundo se sienten relativamente cómodos con el poder de los gobiernos sobre ellos, en algunos países el potencial mencionado es una realidad, demostrando que la idea del abuso del gobierno no es solo una idea teórica. Por esta razón, es de vital importancia que los gobiernos operen desde una base de los derechos humanos reales. La pregunta fundamental es "¿Cuáles son los derechos humanos reales?" La respuesta depende de la respuesta a la pregunta básica de dónde vienen los derechos humanos.

Los candidatos de las fuentes para los derechos humanos pueden dividirse en dos grupos básicos:
1) Una fuente externa al hombre. Este podría ser Dios (para los que creen en Él) o los patrones fundamentales de la Naturaleza.
2) La humanidad en sí, lo que significa que los derechos fundamentales se conciben por las personas para sus propósitos, más o menos de la manera en que se crearon las normativas o reglas a seguir. Su propósito podría ser establecer o mantener una sociedad benévola en su lugar, una sociedad religiosa o alguna otra sociedad basada en un modelo político, social o económico.

Las fuentes (1) y (2) apoyan a dos escuelas de pensamiento sobre de dónde vienen los derechos humanos y, por lo tanto, lo que son. Si el lector se ha preguntado alguna vez por qué todo el mundo no sólo acepta la doctrina actual de los derechos y continúa, es porque no hay ninguna teoría singular de los derechos...al menos todavía no.

Esto no será evidente al presenciar discusiones políticas, seguir los informes de los medios de comunicación, o leer libros populares sobre los derechos humanos. Hasta ahora en el siglo XXI, la escuela (2) domina. Las ideas de la escuela (1) aparecen sobre todo en internet, bajo palabras clave como "derechos naturales", donde el brazo largo de la corrección política le cuesta llegar. No siempre es tan fácil. La evolución del concepto de los derechos humanos siguió el camino (1) durante milenios. No fue hasta los siglos XIX y XX que se cambió la dirección al camino (2). El cambio fue diseñado por pensadores políticos y sociales que vieron los medios para eliminar la privación en la población en el ámbito global de los gobiernos democráticos. Esta historia del desarrollo de los derechos humanos se examina en el capítulo siguiente, seguida por una sección de "Perspectivas", que discute los diferentes puntos de vista sobre los derechos humanos y resuelve el problema de su fuente.

CAPÍTULO 1: PROGRESO DE LOS DERECHOS HUMANOS

Desarrollo Histórico

Es imposible determinar dónde y cuándo las personas comenzaron a pensar en términos de sus derechos. Sin embargo, al saber que las personas son conscientes de su individualidad y expresan sus pensamientos en lenguaje, se puede suponer razonablemente que algunos derechos humanos fueron articulados por aquí y por allá a lo largo de la prehistoria. Los registros históricos sobrevivientes probablemente incluyen sólo algunos de los casos donde se establecieron los derechos humanos sistemáticamente.

El registro más temprano, más de 1700 años antes de Cristo, vino de los babilonios. El Rey Hammurabi instituyó leyes que prescribían los derechos y obligaciones de todas las clases de ciudadanos. Estas leyes fueron utilizadas en toda la región por más de 1500 años. Eran esencialmente leyes de justicia, como se consideraban en el momento, y fueron implementadas duramente por el estado de una manera que hoy sería considerada una transgresión de derechos. Por ejemplo, una persona que robaba ganado debía pagarle una multa de diez veces al dueño. Si no podía pagar, era ejecutada. Sin embargo, implícito en las leyes estaba el concepto de que cada persona, independientemente de su puesto en la comunidad, tenía derechos. Los derechos de un hombre sobre su casa, tierras, esclavos y animales domésticos y de una mujer en un hogar, se especificaban con bastante detalle en las 282 leyes.

En la civilización griega 12 siglos más tarde, se encuentra mención de derechos que trascienden el poder del gobierno. En la obra de Sófocles, *Antígona*, el protagonista, Antígona, le implora al Rey Creón el cuerpo de su hermano ejecutado al exhortar "las leyes no escritas e inmutables de los cielos."[1] Parece que la idea de las reglas no escritas que no fueron inventadas en esta tierra existieron y fueron popularizadas a un grado que sólo podemos imaginar en ese momento. Algunas ciudades-estados permitieron el derecho a la igualdad ante la ley y la igualdad de la libertad de expresión. Estas disposiciones iban más allá de la justicia para reconocer la libertad individual.

En el período helenístico que vino más adelante (336-30 A.C.), los filósofos estoicos identificaron la ley natural como superior a la ley del rey y concluyeron que la justicia era evidente solo al "ojo de la razón"[1]. El estoicismo se extendió por el Adriático a Italia donde, en el primer siglo A.C., la ley natural fue confirmada por el influyente Senador Cícero. Sostuvo que "Hay una ley verdadera, una razón correcta, conforme a la naturaleza; es inalterable y eterna". Cicerón logró invalidar una ley romana en la corte, argumentando que contradecía los derechos naturales. El sistema judicial romano, que era el más desarrollado del mundo en el momento, de hecho era sensible a la filosofía actual de los derechos naturales universales. El jurista, Ulpiano, declaró que "la Ley Natural era la que la naturaleza - no el estado - asegura a todos los seres humanos, ciudadanos romanos o no."[3]

En el siglo IV, todos los ciudadanos romanos adquirieron libertad religiosa por el Edicto de Milán (313 D.C.). Con un empujón del Emperador Constantino, el cristianismo se convirtió en la religión dominante y, al final del siglo, fue la única tolerada. Dos de sus mensajes reforzaron la ley natural. El primero fue el de una relación entre Dios y cada persona como individuo. El Sacramento de la Confesión, donde cada miembro confesaba sus pecados a un sacerdote, consolidó la idea de que cada persona era responsable ante Dios de su comportamiento moral. Igualmente importante era el mensaje de que cada persona, de cualquier rango o estación, era igual ante Dios. Estas ideas coincidían con la ley natural, que se suponía que se aplicaba igualmente a todos e incluía la carga de responsabilidad en cada persona por sus acciones.

Los conceptos de los derechos humanos siguieron el tema de la ley natural durante toda la era cristiana y hasta el siglo XIX. A finales del siglo XVIII, las ideas derivadas de la teoría de los derechos naturales habían sido incorporadas en dichos documentos políticos como la Declaración de Derechos inglesa (1689), la Declaración de la Independencia de los Estados Unidos (1776), la Constitución de los Estados Unidos de América (1789) y sus primeras 10 enmiendas, conocidas como la Carta de Derechos (1791) y la Declaración Francesa de los Derechos del Hombre y del Ciudadano (1789). Los documentos americanos se basaban, sobre todo, y los documentos franceses, en gran parte, en el trabajo del teórico político inglés, John Locke (1632 – 1704), que se remontó a los estoicos antiguos en su investigación sobre los derechos humanos. Un extracto de sus escritos indica su conclusión:

"El estado de naturaleza tiene una ley de naturaleza que lo gobierna y que obliga a todos; y

la razón, que es esa ley, enseña a toda la humanidad que quiera consultarla, que siendo todos los hombres iguales e independientes, ninguno debe dañar a otro en lo que atañe a su vida, salud, libertad o posesiones."[5]

El documento francés también incluye ideas de Jean Jacques Rousseau (1712-1778), particularmente su concepto de la 'Voluntad General', que se menciona en ella como sigue: *"La ley es la expresión de la voluntad general. Todos los ciudadanos tienen el derecho de participar personalmente o por medio de sus representantes en su formación."*[2]

Rousseau también afirmó el principio de que los impuestos deben ser recaudados de una persona de acuerdo a sus medios. Esto fue incluido en la Declaración Francesa y de allí forjó su camino a la filosofía política de la mayoría del mundo democrático a través de la fuerza de la ideología o conveniencia, como uno elige creer. Es interesante que Rousseau no estuvo de acuerdo con Locke sobre el derecho a la propiedad real (es decir, tierras) y sostuvo que no hay ninguna propiedad en la naturaleza, sólo posesión, una idea que se discutirá más adelante.

El concepto de Locke sobre los derechos humanos (derechos naturales) llegó hasta los principios del siglo XIX y a las constituciones de Suecia en 1809 y Holanda en 1815 (monarquías).

Sin embargo, los derechos naturales en ese momento habían sido seriamente desacreditados como una base realista para las reglas de la sociedad. Los excesos de la Revolución Francesa, particularmente la violencia entre facciones, los asesinatos y desórdenes civiles durante el Terror, habían alarmado a muchos intelectuales europeos. Sus escritos influyentes difundieron el mensaje de que la libertad fomentaba la delincuencia y la anarquía debido a la limitación deficiente de la ley natural. Edmund Burke, un irlandés inmigrante en Inglaterra y autor de muchos puntos de vista originales sobre la teoría de los derechos, la sociedad y el gobierno, criticó la revolución francesa en su obra más famosa, "Reflexiones sobre la Revolución francesa" (1790). Atacó los principios de la Revolución, como la existencia de los derechos naturales intrínsecos al hombre, el igualitarismo y el proceso de derrocamiento armado de un gobierno legítimo. Estas opiniones fueron refutadas por Thomas Paine, el agitador político más eficaz de la época, que rápidamente siguió el libro de Burke con "Los Derechos del Hombre" (1790). En él, mediante refutaciones a las ideas de Burke como instrumento, Paine presentó la doctrina más completa de los derechos naturales. Se convirtió en un best seller fenomenal en esa época e introdujo el concepto de los derechos innatos en la conciencia de numerosos europeos y americanos.

El principal opositor de los derechos naturales fue Jeremy Bentham de Inglaterra. Su influencia continuó viva a través de los siglos XIX y XX, basada en sus numerosos tratados sobre leyes y escritos sobre ciencia política. Su posición sobre los derechos naturales es evidente en estos comentarios citados a menudo:
"Un derecho es el hijo de la ley, de 'leyes naturales' sólo pueden proceder derechos imaginarios... Los derechos naturales son disparates sin fundamentos, los derechos naturales e imprescriptibles disparates retóricos, disparates sobre zancos..." y *"Un derecho sin ley es un efecto sin causa."*[4]

Otros desarrollos en el siglo XIX dispersaron aún más el concepto de los derechos naturales. La propagación de la Revolución Industrial en Europa y los cambios profundos resultantes en la sociedad estimularon a intelectuales interesados a analizar las causas y los efectos de este fenómeno. Las teorías sociales reflexivas pronto surgieron de esta tarea aparentemente urgente. Pensadores de izquierda, tales como los filósofos hegelianos como Karl Marx, escribieron acerca de nuevas sociedades con sistemas políticos nuevos, pero evitaron el concepto de los derechos humanos naturales porque no encajaba en sus modelos socioeconómicos. Estos modelos se enfocaban en la comunidad en su conjunto, no en la persona individual. Marx denunció los derechos individuales como una ilusión burguesa: *"... Los llamados derechos del hombre...los derechos del individuo egoísta, del hombre separado de otros hombres y de la comunidad."*[1] Desestimados por los brazos políticos de izquierda y de derecha, el concepto de los derechos naturales desapareció del debate público.

Al último cuarto del siglo, las nuevas democracias europeas habían sido formadas, particularmente en Italia, Francia y Alemania (monarquías), y sus asambleas legislativas evolucionaron gradualmente a ocuparse de todas las preocupaciones de la sociedad. En el siglo XIX y principios del siglo XX, la sociedad estaba más preocupaba con el hecho de mitigar la explotación en el trabajo y mejorar las condiciones generales de vida, que a menudo eran miserables y carentes. También querían poder político que igualara al de los ricos, que aparentaban ser muy privilegiados en este cruel sistema industrial. En los sistemas legislativos de Europa y América, los argumentos para el trato equitativo finalmente se centraron en los derechos, ahora llamados derechos humanos. Sin embargo, a finales del siglo XIX, la convocatoria de los "derechos humanos" era demasiado nueva y vaga, pareciendo tener aún menos cimientos en filosofía y autoridad que el concepto de derechos naturales que reemplazaba. En el siglo XX, la idea de los derechos humanos cayó en desuso y se mencionó muy poco públicamente en las primeras cuatro décadas. La quinta sería diferente.

En el período entre las Guerras Mundiales I y II, se realizó una importante labor detrás de las escenas de la Sociedad de Naciones sobre la cuestión de los derechos humanos. La atención se concentraba en la protección de las minorías en los países miembros, como los judíos en Alemania, de la reducción discriminatoria o la eliminación de sus derechos. De este esfuerzo surgió un movimiento para identificar toda la gama de los derechos y libertades individuales. Los principales centros de este esfuerzo fueron el Instituto de Derecho Internacional en París, la Academia Diplomática Internacional (París) y, durante la Segunda Guerra Mundial, la Comisión Sankey en Inglaterra. En el período antes de la guerra, un número de declaraciones de derechos fundamentales fueron producidas por B. Mirkane-Guetzevich, A. Aulard, A.N. Mandelstam y Antoine Frangulis, mientras que otros hicieron presentaciones sobre los derechos humanos como parte de un documento más general. Merecen reconocimiento por resucitar la causa de los derechos humanos en el siglo XX.

Sin embargo, estos escritos trataban menos sobre los derechos humanos en sí y más sobre la libertad y la democracia en oposición al totalitarismo. Sus opiniones fueron diseñadas para posicionarse en el espectro político de izquierda y derecha, en lugar de abordar la teoría de los derechos humanos. Era la costumbre de la época, pero todavía una aserción del valor del individuo y un desarrollo hacia la realización real de los derechos humanos.

La Segunda Guerra mundial causó pensamientos nuevos y urgentes sobre los derechos humanos, especialmente cuando abordaban la situación y el propósito de un objetivo de guerra. Esto ocurrió en gran parte gracias a los esfuerzos de H.G. Wells, ya conocido como el autor de *La Máquina del Tiempo* y *La Guerra de los Mundos*. Su declaración titulada "Los Derechos del Hombre" fue publicada en el periódico Daily Herald (Londres) en febrero de 1940. (Se proporciona una versión resumida en el Apéndice). La declaración consistió en un gran preámbulo y diez principios que incluía un nuevo tipo de derecho que luego fue categorizado como un "derecho positivo". Este tipo de derecho requiere que se hagan ciertas cosas para el titular del derecho, mientras que el concepto

anterior de un derecho requería que ciertas cosas no fueran hechas al titular del derecho (derecho negativo). Los ejemplos de derechos positivos incluyen los derechos a la alimentación, atención médica y educación. Lo que era extraordinario, aunque no se mencionó, fue la implicación masiva de estos derechos positivos - que todos los miembros de la sociedad eran responsables de todo el mundo con respecto a ciertos requisitos básicos. Ninguna explicación fue ofrecida en cuanto a cómo esta responsabilidad caía en todo el mundo. Por lo contrario, los autores decidieron poner a todos los ciudadanos en un colectivo y simplemente especificaron las reglas para hacerlo. El preámbulo prácticamente lo señala: *"Nosotros de las democracias parlamentarias reconocemos la inevitabilidad de la reconstrucción del mundo en líneas colectivistas..."*
Sin embargo, su intención era proteger a la persona con un código de derechos, pero su enfoque implicaba que la fuente de los derechos era el estado.

Diez miembros dotados y prominentes de la sociedad británica asistieron a Wells en la composición, incluyendo Vizconde Sankey, el único abogado del grupo. El grupo pasó a llamarse el Comité Sankey y la declaración como la Declaración Sankey. Tienen la distinción de dirigir el desarrollo de los derechos humanos a una nueva dirección que seguiría después de la guerra. Wells libró una campaña enérgica para insertar los derechos humanos en la conciencia de los pueblos del mundo. Escribió "Los Derechos del Hombre, ¿o Para Qué Estamos Luchando?" que fue publicado como un folleto por Penguin. La versión serializada del Herald de "Los Derechos del Hombre" fue traducida a diez idiomas y publicada en más de 20 países. Wells incluso fue más lejos he hizo que la declaración fuera traducida a otros idiomas en todos los continentes. Sus libros y artículos se distribuyeron en Norteamérica y, en el otoño de 1940, realizó una gira de conferencias en los Estados Unidos. De la India a los Estados Unidos e incluso en la Alemania nazi, Wells tuvo éxito en colocar la idea de los derechos humanos fundamentales en la conciencia de las personas en diferentes estratos de la sociedad.

Gente prominente quedó impresionada por la declaración "Los Derechos del Hombre", particularmente el Presidente Roosevelt de los Estados Unidos y, de manera importante, su esposa Eleanor.

En año nuevo de 1942, las potencias aliadas, incluyendo los Estados Unidos, que había entrado en la guerra unas semanas antes, declararon sus objetivos de guerra y éstos incluyeron la protección de los derechos humanos.

En la conclusión de la guerra, se estableció las Naciones Unidas en la Conferencia de San Francisco en 1945 e incluyó un Comité para los Derechos Humanos Internacionales. En 1947, Eleanor Roosevelt fue elegida como presidente y rápidamente reclutó a John Humphrey, un profesor de derecho canadiense, como jefe de la secretaría de la comisión. El Sr. Humphrey había sido un miembro de la Liga para la Reconstrucción Social, un grupo de académicos de izquierda que habían proporcionado la mayor parte de la agenda política para el Partido Federación Cooperativa de la Commonwealth socialista de Canadá. Compuso un borrador de una declaración de los derechos humanos de material recopilado por el American Law Institute, que había examinado las disposiciones existentes de los derechos humanos en las constituciones nacionales, así como en obras de otros autores de la literatura de los derechos humanos. El borrador de Humphrey fue editado por René Cassin, un distinguido abogado de Francia, quien elaboró el borrador final. Conservó los supuestos derechos sociales y económicos (derechos positivos) incluidos por Humphrey, como la educación gratuita (educación primaria), protección contra el desempleo, salarios suficientes para apoyar la familia, un nivel de vida mínimo. El 10 de diciembre de 1947, las Naciones Unidas aprobó la Declaración Universal de los Derechos Humanos (DUDH) resultante.

La Declaración gradualmente ganó reconocimiento y estatus en todo el mundo por al menos tres razones. En primer lugar, las Naciones Unidas demostró ser más fuerte y más resistente (había organizado la resistencia a la agresión comunista en Corea en 1950) que su precursor, la Sociedad de Naciones. Por lo tanto, sus declaraciones fueron generalmente aceptadas como de mayor autoridad. En segundo lugar, existía una falta de competencia seria a los derechos indicados en la Declaración Universal. Durante la década de 1930 y 1940, prácticamente todas las personas que abogaron por una norma de derechos humanos estaban motivadas por el deseo de diseñar una sociedad práctica que relevaba de sus peores peligros y cargas al mayor número de personas. El proceso de elaboración de la Declaración Universal había clasificado y utilizado sus contribuciones en la teoría de los derechos humanos. En el mismo período, ningún portavoz eficaz surgió para los derechos provenientes de una fuente externa y objetiva, como la Naturaleza.

La tercera razón fue que la Declaración de las Naciones Unidas encontró implementadores a la espera en los gobiernos de izquierda que fueron elegidos por las democracias en Europa, Canadá y en otros lugares en el periodo de reconstrucción de la posguerra. La Declaración de la ONU, con sus derechos sociales y económicos, encajó justo en sus agendas, lo que requirió la masiva redistribución de la renta para pagar por la atención médica gratuita, la educación primaria gratuita y la educación superior subvencionada, suplementos de ingresos y una variedad de otros subsidios del gobierno. La Declaración de la ONU dio legitimidad a este proceso. La persona promedio estaba feliz de recibir alivio de las preocupaciones cotidianas de poder cumplir con sus gastos de subsistencia y obtener atención médica cuando era necesario y creía que el gobierno pagaba por estas cosas gravando a los ricos. Pocas veces fue mencionado que el gobierno recibió la mayor parte de sus ingresos de la clase media y que poco a poco fue hundiéndose en deudas. Países como Canadá e Italia, que hicieron mucho por implementar los derechos positivos, se convirtieron, a mediados de la década de 1990, en las naciones más endeudadas del mundo sobre una base per cápita.

Los medios de comunicación que, por sus propias razones, con frecuencia se identifican con las causas sociales, respaldaron la Declaración de Derechos Humanos de la ONU con entusiasmo, particularmente los derechos sociales y económicos. Con su habilidad para enfocar un foco y micrófono en cualquier persona o en su creencia, los peligros de expresar una opinión en contra de la doctrina políticamente correcta de los derechos humanos fueron demasiado formidables para la mayoría de las personas. Para el final del siglo, la discusión de una teoría alternativa de los derechos humanos se redujo a cero en los debates políticos.

Por lo tanto, a principios del siglo XXI, la teoría imperante de los derechos humanos está dominada por conceptos de bienestar social. El enfoque del gobierno es el bienestar de la comunidad en su conjunto: cada persona debe tener satisfechas sus necesidades médicas y de subsistencia, cada persona debe incluirse en las labores fundamentales de la comunidad (tales como tener una casa y trabajo), y cada persona tiene un valor igual independientemente del sexo (aún hay un largo camino por recorrer allí), raza, origen étnico, religión, orientación sexual, virtudes o defectos. En la aplicación de esta filosofía, los gobiernos reemplazan sistemáticamente los derechos de la propiedad privada y el derecho natural del pueblo a elegir a sus asociados. Una persona que intenta dejar una habitación en su casa no tiene completa libertad de elegir a quien acepta como inquilino. El gobierno impone su regla contra la discriminación para que se logre su objetivo de bienestar universal. La misma regla se aplica a un empleador reclutando personas para su negocio. La política de inmigración está fijada de acuerdo con la filosofía política magnánima en lugar de las preferencias de la población en cuanto a qué tipo de personas se les otorga una visa de inmigrante.

El hecho de que los programas de bienestar social del gobierno cuestan mucho dinero domina todos estos aspectos. Este dinero es recaudado por un sistema de impuestos muy pesado. Por ejemplo, en Bélgica, Japón, Suecia, Dinamarca y Francia (por nombrar sólo unos pocos países), la tasa de impuestos aumenta con el nivel de ingresos, llegando a más del 60% en el nivel superior*. El tema de la justicia, en el sentido de que una persona recibe lo que merece, se deja de lado en este sistema de redistribución de la riqueza. El resultado es situaciones como la siguiente. Una persona contempla presentar una solicitud para un trabajo de nivel superior con un sueldo más alto. Además de la mayor responsabilidad y compromiso requerido, la

---

*De la Organización de Cooperación y Desarrollo Económico (OCDE), datos de 1998.

persona debe considerar también que la mayoría del aumento salarial irá al gobierno. Esto será suficiente para disuadir a algunos de los solicitantes. En consecuencia, los estados de bienestar tienden a perder gran parte de la energía de la población porque muchas personas no se esforzarán más allá de un límite confortable, ni arriesgarán su dinero en el negocio, cuando el Gobierno toma una gran parte de la recompensa. (Generalmente, esto sucede en cualquier sociedad donde la recompensa es menos acorde con el logro).

Lo que guía a los políticos de esos países es una doctrina particular de derechos humanos que ha sido presionada para que apoye una visión de la humanidad sin problemas. No se contempla ninguna otra perspectiva sobre los derechos humanos y, con el apoyo moral de las Naciones Unidas, este movimiento se está extendiendo. Lo preocupante es que la verdadera percepción de los derechos humanos, desde las perspectivas diversas que se han desarrollado, es significativamente diferente de los de esta tendencia.

Perspectivas

La percepción común en el mundo occidental es que hay solo una doctrina de derechos humanos. Mientras que los titulares de esta actitud generalmente no pueden definir exactamente estos derechos, asumen que el gobierno, los tribunales o tal vez las Naciones Unidas, pueden decirles lo que son. Por lo tanto, rara vez se utiliza el término "derechos humanos" de manera equívoca y el único permiso para la variación está en la interpretación de la doctrina oficial. Sin embargo, no se trata de una percepción verdadera, hay diversas teorías sobre los derechos humanos surgiendo desde distintas perspectivas en su origen, propósito y alcance.

La visión original era que hay derechos que vienen del mismo lugar que la humanidad. Dependiendo de la cultura puede ser una deidad, un lugar espiritual (cielo) o el útero de la Naturaleza. El propósito de tales derechos, si las personas los consideraban en sí, era contrarrestar los dictados de los reyes, que se observaban, en ocasiones, a ser opresivos. Durante siglos, esta perspectiva se convirtió en la "ley natural" (es decir, una ley que rige las relaciones entre las personas basadas en la aplicación de la razón a las circunstancias naturales del hombre). Por ejemplo, una deducción que sirve como ejemplo es que una persona posee lo que él o ella crea. La ley natural tuvo su apogeo en el siglo XVIII y un número de constituciones políticas, mencionadas en el apartado anterior, incluyeron derechos naturales derivados de la ley natural y todavía están en uso hoy en día. En concepto, la ley natural propiamente está fuera de las normas y leyes hechas por las personas para lograr sus propósitos y sirve como un estándar fundamental para la evaluación de las políticas y leyes de gobierno. Un ejemplo dramático de esto tuvo lugar algunos años después de la Segunda Guerra Mundial. Las imágenes de los prisioneros miserables y hambrientos de los campos de concentración y las pilas de cadáveres demacrados indujeron a los gobiernos de las naciones aliadas a establecer un Tribunal Internacional en Nuremberg para juzgar a los perpetradores. Los jueces exigieron cuentas a los líderes nazis, no sólo sobre la base de sus leyes de gobierno, sino sobre la base del sentimiento moral instintivo, que reconocía el derecho natural de los hombres y mujeres a la seguridad personal. En la Declaración de Derechos Humanos de la ONU que se emitió casi al mismo tiempo, 22 de los 30 artículos fueron consistentes con los derechos naturales, y la mayoría de los artículos podían atribuirse a ellos.

En la segunda mitad del siglo XX, otro punto de vista se volvió popular. Fue generado por los teóricos socialistas en el siglo XIX y avanzó con fuerza por los gobiernos socialistas que surgieron después de la Segunda Guerra Mundial. Su filosofía indicaba que las personas tenían derecho a lo que realmente necesitaban. Desde un punto de vista intelectual, la conexión entre una necesidad reconocida y un derecho resultante necesariamente no está allí. Por lo tanto, mentalmente, los defensores de este punto de vista simplemente dieron un salto cualitativo de una necesidad a un derecho. A pesar de esta debilidad intelectual, seis de los artículos de la Declaración de las Naciones Unidas vienen de esta perspectiva. Así también, a través de las campañas de los políticos entusiastas e idealistas, esta perspectiva se ha convertido en parte de los derechos humanos ortodoxos de hoy.

La mezcla artificial de los derechos derivados de los derechos naturales con derechos inventados para apoyar una visión de la comunidad humana ideal es la principal expansión de los derechos humanos en el siglo XX. Que este desarrollo se haya desviado de la búsqueda del descubrimiento completo de los verdaderos derechos humanos a favor de un concepto social que conduce a la identificación de estos derechos exige una revisión de dirección. La tendencia en este desarrollo es realmente preocupante porque cultiva una actitud de privilegio a costa de toda la población. El efecto sobre la población tampoco suele considerarse. Sin embargo, el siguiente ejemplo exhibe lo que sucede detrás de las escenas cuando tales privilegios se cumplen.

Una mujer que trabaja para el gobierno queda embarazada. Afirma que tiene derecho a una prestación por maternidad, que consiste en todo o parte de su salario mientras está fuera del trabajo durante seis meses cuidando a su bebé. En la satisfacción de esta reclamación, que es común en los estados de bienestar, el gobierno debe, en principio, determinar los ingresos de todo el mundo (en realidad, recoge esta información anualmente) y sacan una proporción de los ingresos de todos para reunir el dinero suficiente para cubrir el "derecho" de la mujer. Si una persona se niega rotundamente a pagar este cargo, entonces el gobierno empleará cualquier fuerza necesaria para obtener su sumisión. Operativamente, los gobiernos toman un porcentaje de cada sueldo para cubrir todos los reclamos previstos para las prestaciones de maternidad en un año, además de los otros "derechos" y sus otros numerosos gastos. Los gobiernos sostienen que este sistema está basado en los derechos humanos fundamentales, pero la desconsideración del derecho del asalariado sobre su dinero es cuestionable.

En su comportamiento, el gobierno actúa como un jefe, lo que debe causar que una persona pensante se pregunte, "¿De dónde obtiene el gobierno tal autoridad sobre mí?" y "¿Qué exactamente es el gobierno?". Las respuestas, las que sean, deben conciliarse con los verdaderos derechos humanos. En la medida en que no lo son, el gobierno opera en oposición a la libertad individual.

La naturaleza paternal del estado del bienestar ha evolucionado una perspectiva de derechos humanos que sigue por la vía del privilegio. Las personas llegan a creer que tienen derecho a todo lo que mantienen o a cualquier cosa a la que se hayan acostumbrado, la retención de sus costumbres estén donde estén, el bono independientemente del mérito y el control de los demás con el fin de proteger sus inversiones. Estas perspectivas de derechos humanos operan en un páramo intelectual, donde solo hay segmentos de principios, inconsistencias y un gran espolvoreado de deseos. Estas perspectivas fallan en reconocer que, en cualquier ámbito de la interacción humana, los derechos dependen de los principios inexpugnables, y no de las actitudes, que son generalmente el resultado de factores subjetivos.

La teoría de los derechos humanos que guía las acciones de los gobiernos puede basarse ya sea en la verdad permanente o una filosofía moral elegida. A veces hay cierta diferencia, y esta diferencia puede ofender profundamente a una persona. Hay que recordar que los gobiernos pasan leyes que cada residente está obligado a obedecer. Si alguien desobedece una ley, entonces el gobierno usa tanta fuerza como sea necesaria para asegurar su cumplimiento. Esto es, en un sentido fundamental, una grave restricción a la libertad de una persona. Si la razón detrás de la ley tiene validez suficiente, entonces obligar al residente a obedecer puede ser justificado a cualquier persona razonable. Por ejemplo, una ley que prohíbe a una persona matar a otra excepto en el caso de defensa personal toca la sensibilidad de cualquier persona a su propio valor y el agarre precioso que tenemos a la vida. Por lo tanto, una persona razonable puede aceptar fácilmente la intención de la ley para proteger las vidas de todos los ciudadanos. Para ilustrar un punto, sin embargo, considere una situación en el otro extremo del espectro. Supongamos que la mayoría de los legisladores son firmes creyentes en la astrología y promulgan una ley que requiere que todos los asalariados cedan un porcentaje de sus ingresos para pagar la construcción de observatorios que darán soporte a predicciones astrológicas. Puesto que no hay manera de demostrar que los destinos de las personas están escritos en las estrellas, la creencia en la astrología es simplemente una cuestión de elección. Por lo tanto, dicha ley reemplaza a una persona que decide no creer en la astrología. La obliga a que contribuya a un programa que se basa en una creencia opcional. Aun cuando los legisladores representan a la mayoría, esta imposición es todavía real. A menos que las leyes surjan de la verdad universal, constituyen la imposición de la opción de algunas personas de creencias opcionales a todo el mundo. Esto es especialmente cierto cuando se considera que los gobiernos tienen la facultad de imponer cualquier ley por la fuerza y que todas las personas viven bajo la ley de gobierno todos los días durante toda su vida. Puesto que los derechos fundamentales de una persona están implicados en una ley, entonces esos derechos deben basarse en una verdad permanente. Los derechos que se basan en una moral elegida o inventada como parte de un concepto para una sociedad ideal no son adecuados para la aplicación general a la población debido a su carencia implícita de la universalidad. En consecuencia, esta fuente de los derechos humanos debe descartarse.

Encontrar verdaderos derechos consiste en la búsqueda de la verdad permanente y universal de la condición de una persona entre su clase y lo que esto implica en términos de los derechos. Cuando se identifican estos derechos, se reconoce que vienen *antes* de cualquier decisión de una persona en cuestiones de moralidad, ideología, religión o ética porque lo que una persona elige no puede ser elegida por otra y por lo tanto no será universal. Puesto que los verdaderos derechos humanos son descubiertos por la facultad de la razón, su validez está separada de los gobiernos y no necesita el gobierno, sin embargo se aplica a los gobiernos.

Los derechos humanos verdaderos constituyen un estándar contra el cual se pueden juzgar las acciones de los gobiernos. Este fue el motivo de los pensadores políticos de los siglos anteriores. Los estoicos griegos y romanos, los escritores del renacimiento Grocio y Pufendorf y los teóricos políticos de los siglos XVII y XVIII Emmanuel Kant, John Locke y Thomas Paine trataron de enunciar los derechos naturales. Lamentablemente, el desarrollo de estos derechos se detuvo a principios del siglo XIX, como comentamos anteriormente.

El mundo ha cambiado de manera importante en los últimos dos siglos. Todo el mundo es accesible al hombre, de polo a polo, y solo en alta mar está una persona fuera de las leyes de los gobiernos. En la mayoría de los países, un solo gobierno regula decenas de millones, incluso cientos de millones de personas. Con armas, sistemas de comunicaciones modernos y sistemas de información prodigiosos, los gobiernos tienen el poder de interceptar personas casi todo el tiempo. Más que nunca, el mundo está necesitando un sistema de reglas indiscutible por el cual juzgar la conducta de los gobiernos, contrarrestar la tiranía y proteger la libertad del individuo.

CAPÍTULO 2: TEORÍA

Derechos Naturales

El enfoque original de tratar de identificar los derechos naturales que iban con una persona fue el camino correcto a los derechos humanos porque la dirección era hacia los principios que fueron permanentemente verdaderos. Además, como con cualquier verdad permanente, como la aritmética o la física, tales principios se aplican igualmente a todo hombre y mujer, a personas de cualquier edad, raza, grupo étnico o tribu, a las personas en cualquier lugar de la tierra. Por lo tanto, son universales. Los derechos naturales descubiertos rigen la interacción entre dos personas y entre cualquier persona y grupo, organización o gobierno.

Lamentablemente, los derechos naturales enunciados en los siglos anteriores no tenían un alcance amplio. Sus autores se centraron en el problema político de la época, que era de una nobleza arrogante y privilegiada encaramada en la cima de una creciente población que luchaba desesperadamente por sobrevivir. La intención de los defensores de los derechos naturales era cambiar el sistema político a un nuevo sistema que reconociera algunos derechos del individuo y que fuera justo. Sin embargo, los derechos naturales, al relacionarse a la cuestión de quién tiene el derecho a controlar qué, tienen el potencial para cubrir todo lo que puede ser controlado, incluyendo las personas. De estos principios, se puede desarrollar un conjunto práctico de derechos para gobernar toda la interacción humana. Un beneficio importante de un conjunto aceptado de normas es la capacidad para resolver desacuerdos entre varias partes. Cuando los jugadores de cualquier juego se unen para debatir diferentes opiniones, generalmente llegarán a un acuerdo al encontrar el mejor ajuste de la situación a las reglas en las que todos creen. Los derechos humanos universalmente aceptados tienen este potencial.

Se utilizará un enfoque sistémico en la formulación de una teoría completa de los derechos humanos. Se basará en la pregunta de quién tiene el derecho a controlar qué, incluyendo a las personas, como una ruta del descubrimiento de los verdaderos derechos. Las respuestas deben ser irrefutables por cualquier argumento razonable y exhibir el sentido claro y limpio de la verdad permanente. Un lugar para comenzar es el tema de la propiedad de uno mismo.

Propiedad de Uno Mismo

El caso de que una persona tenga el derecho exclusivo a controlarse a sí mismo se basa en el razonamiento de los hechos básicos de la vida humana. Considera que una persona tiene una mente y cuerpo que le da suficiente poder para afectar a otros y el medio ambiente. Todas las personas tienen este poder básico independientemente de su género, edad, salud, raza, etnia, tribu o filosofía. Además, todas las personas vinieron al mundo por el mismo proceso natural de desarrollo en el vientre y nacimiento. Sus características y talentos únicos, sus capacidades básicas como persona, provienen de la misteriosa energía de la naturaleza, no de la industria humana. Esto sugiere que todas las personas están en igualdad de condiciones y tienen un igual derecho a la autonomía. Cada uno es una pequeña potencia en el mundo, como un barco en una existencia de puras naves en un mar determinado. Mientras que las naves pueden diferenciarse en tamaño y poder, y pueden venir en dos tipos, la falta de un vínculo entre ellas y la capacidad de cada barco para dirigir un curso independiente son indiscutibles. Un grupo de naves puede intentar controlar una nave individual pero no hay ninguna autoridad externa al mando de esta acción. Es la voluntad del grupo, quizás respaldada por la fuerza, así que no es necesariamente persuasiva en principio aun cuando es más seguro o más gratificante que el individuo se entregue. A pesar de las implicaciones en que se mete el barco sujeto, en la comunidad flotante a la que ha llegado, y los beneficios que devengan de estas implicaciones, existe una realidad subyacente que el sujeto es una nave, y que es un mar amplio.

Lo mismo se aplica en la comunidad humana en la tierra, donde cada ser humano es una entidad, un todo (como un barco), capaz de acciones independientes. A pesar de las apariencias, una persona no está realmente vinculada a la familia, comunidad, tribu, empleador o país. Es libre de dirigir su propio curso en la vida y subjetivamente puede pesar la influencia y las demandas del grupo o los sistemas políticos y económicos. Esta autonomía básica implica que la asociación con cualquier grupo u organización es en última instancia una elección. Esto implica que, frente a la coerción, la confiscación o la tiranía por parte la comunidad, gobierno u organizaciones poderosas, una persona tiene derechos como los que van con la propiedad de uno mismo. Estos derechos consisten en tener el derecho exclusivo de controlar, utilizar, entretener o revelar el cuerpo o mente de uno. Cualquiera otra persona que desee estas prerrogativas debe pedir permiso. Incluso aquellos con autoridad y poder superior deben obtener ese permiso porque la propiedad de uno mismo significa tener la autoridad final sobre lo que uno va a hacer o decir. Está en contra de la voluntad del grupo, que cuyo números solo aumenta su poder, no su autoridad, ya que la autoridad no existe para cancelar el derecho natural a gobernarse a sí mismo.

No significa, como la propiedad suele hacerlo, que puede ser entregada, comercializada o cambiada de manos porque el control de uno mismo es innato (es decir, parte de la esencia de uno). Las acciones y palabras de una persona vienen de la dirección por su mente, a menos que se aplique fuerza física, y esta dirección no puede ser transferida. Por lo tanto, el derecho de la propiedad de uno mismo es inalienable; no puede ser entregado. Es la base del estatus de una persona en el mundo, que es la de un ser autónomo, debiendo obediencia sólo a aquellos cuya autoridad es aceptada. Cuando este estatus es reconocido y declarado, entonces la persona es de hecho un agente libre.

Históricamente y en la actualidad, gran parte del mundo está reticente a conceder que cada persona tiene el derecho exclusivo a controlarse a sí mismo. El primer reto que una persona puede encontrarse a su independencia es el control parental. Algunos padres afirman el derecho absoluto a controlar a sus hijos porque son la causa de su existencia. Para tener el derecho de control, los padres tendrían que poseer al niño y para ello tendrían que haberlo creado. De hecho, sin embargo, todo lo que hicieron fue preparar a la Naturaleza para el proceso de creación, después de lo cual no tuvieron ningún papel intencional. Ninguna cantidad de voluntad de los padres fabricó el resultado; por el contrario, el niño fue un producto de la Naturaleza, tal como ellos lo fueron. Como los padres son dueños de sí mismos, también lo es el niño.

Al ser la causa de la existencia del niño, sin embargo, los padres tienen la responsabilidad de cuidar de sus hijos hasta que puedan proveer sus propias necesidades. El niño, por lo contrario, adquiere una deuda correspondiente a los padres al crecer. El niño debe también obediencia, sin perder la propiedad de uno mismo, porque es provisto en un hogar propiedad de sus padres. Los padres se poseen a sí mismos también y pueden corregir el abuso de este hecho, como la falta de respeto por parte de sus hijos. De hecho, durante el desarrollo de los niños hasta volverse adultos, la estrecha relación de padres e hijos no necesita ignorar la propiedad de uno mismo de todas las partes involucradas. Esto no trata de implicar que los derechos, en lugar de amor, es el fundamento de las relaciones entre padres e hijos, pero que los derechos están presentes también.

En el camino a la madurez y más allá, una persona se involucrará con las instituciones de aprendizaje, empleo, gobierno y negocios. Todas estas organizaciones son manejadas por personas con objetivos y métodos que emanan de las metas y la filosofía de la institución. Frente a tal propósito definitivo y poder considerable, el individuo puede sentirse fácilmente abrumado y mucho más pequeño como una entidad. Sin embargo, la relación apropiada entre las dos partes es una de contacto entre las personas, todas las cuales se poseen a sí mismas y por lo tanto son responsables de sus acciones. Si algunas de ellas representan una organización, entonces esto representa su motivación pero no concede derechos fundamentales mayores, liberación de la responsabilidad personal y ninguna licencia para ignorar los derechos humanos básicos. Con los derechos fundamentales iguales formando una base, el protocolo lógico entre las partes es de respeto mutuo, mientras que la consideración mutua es más probable que ayude a alcanzar la armonía.

Una persona puede contraer matrimonio, que tradicionalmente ha formalizado el compromiso de un hombre y una mujer, el uno al otro. No es posible, sin embargo, de que cualquiera de las partes entregue su derecho a la propiedad de uno mismo porque es inalienable, como fue discutido. Ninguna palabra ni juramento puede tener como efecto tal resultado. Por lo tanto, el matrimonio es realmente una asociación de dos entidades independientes, cada una con el derecho exclusivo al control de sí mismo. Si una de las partes se comporta como si él o ella posee el otro, entonces algo más fundamental que el matrimonio está siendo comprometido. Ante tales abusos, es apropiado que los votos matrimonias cedan, liberando a la parte ofendida. El compromiso del matrimonio es secundario a la esencia de una persona, que es una pequeña energía, capaz y facultada por la naturaleza a un estatus independiente.

Tan cierto como esto puede ser, la sociedad solo acepta fácilmente el estatus independiente de los ricos y famosos. Por razones que podrían crear un estudio psicológico revelador, se espera que el resto se ajuste a las costumbres y normas de la sociedad. Estos van desde hábitos inofensivos como la cortesía a la expectativa mucho más controlada que se aceptarán los valores normativos de la sociedad. La presión resultante es la presión grupal y prácticamente la siente todo el mundo, en todas partes. Utilizando su mayor poder, el grupo puede controlar al individuo de vez en cuando en lograr sus deseos, pero el grupo no tiene un derecho innato para hacerlo porque no hay ningún axioma en la Naturaleza que equivale a la igualdad = principio de la autonomía, para conferirle al grupo el derecho a dominar a la persona individual. El individuo realmente se relaciona con el grupo como un igual entre iguales de acuerdo al estatus natural. Por lo tanto, la presión del grupo se clasifica como persuasión, no obligación.

[Para los interesados, la relación puede expresarse matemáticamente. En primer lugar está la relación obvia de poder por la cual el poder relativo de un grupo de n personas a un individuo es 1+1+1+... +n frente a 1. Es decir, nx1 vs.1. En segundo lugar, está la relación de los derechos. El lado izquierdo de la ecuación es 1^n y la derecha es 1. Sin embargo, $1^n = 1$, indicando que el derecho de un grupo no excede el derecho de una persona.]

Lo que el individuo se ve obligado a aceptar, dado que cada persona es un ser igualmente racional, es la equivalencia de todas las personas (como seres humano) y por lo tanto la igualdad de los derechos naturales derivados a ellos. Una persona también está obligada a cumplir los contratos con otras personas debido a esta igualdad básica (para ilustrar el punto, la persona no está obligada a cumplir un contrato con un animal). Un contrato no tiene que ser un documento formal y firmado, pero puede ser un acuerdo de cualquier tipo por el cual una persona satisface necesidades a cambio de beneficios. Esta es la base mínima, bajo el derecho de propiedad de uno mismo, por el cual una persona acepta las creencias del grupo y se ajusta a las expectativas de la sociedad. De tal manera el hombre o mujer no está vinculado a la sociedad pero es un partidario del libre comercio con el derecho natural para controlarse a sí mismo por su propio juicio.

Propiedad de Bienes

La tarea de identificar los derechos humanos relativos a la propiedad se hace más fácil al dividir las propiedades en dos tipos:
- las cosas, tangibles e intangibles, que fueron creadas por personas
- las cosas provistas por la Naturaleza

Esta sección tratará con el primer tipo. Lo que se abordará es la pregunta de quién es dueño de algo que fue creado por una persona o grupo. La respuesta viene de una evaluación de reclamaciones concurrentes por las partes involucradas.

El primer demandante es la persona o grupo que se introdujo en algún arreglo o cosa que no existía antes. El argumento es que la persona o el grupo fue la causa principal de la mayoría o todos los efectos en el desarrollo del nueva cosa/arreglo. Se puede decir que la persona o grupo fue la fábrica fundamental que produjo la creación. Este enlace directo causa-efecto es la base para la reclamación de la propiedad.

El segundo demandante puede ser aquellas personas que suministraron los materiales, herramientas, instrucciones, instalaciones o razón. Sin embargo, ninguna de estas cosas producirían espontáneamente la creación, ni gestionarían su desarrollo. Por supuesto, estas contribuciones proporcionan al reclamante la justificación de la indemnización o parte del capital. El creador real, sin embargo, siendo la principal causa de lo nuevo y responsable de su destino inicial, tiene la demanda más pesada al derecho de control, es decir, propiedad de la cosa creada.

Con suerte, estos argumentos se volverán más claros y decisivos teniendo en cuenta las situaciones reales donde las personas crean algo. Consideremos primero el caso de un libro nuevo. En su mayor parte, esta creación es hecha por un autor, probablemente con la ayuda de un editor profesional. Ya es una tradición mundial reconocer al autor como el propietario del contenido del libro. La mayoría de los países tienen leyes de "copyright o derechos de autor" para proteger esta propiedad. El principio trabajando es que el autor posee la materia intelectual que él o ella creó.

Similar a un libro, pero no tan universalmente reconocido como la creación del autor, es un programa informático. Es muy común que el empleador de un programador de computadoras reclame la propiedad total del trabajo. Sin embargo, lo que ha proporcionado el dueño del negocio es el lugar, el mobiliario de oficina y servicios públicos, información relevante y, en términos generales, los requisitos del producto. El programa informático no fluyó espontáneamente de estas cosas, sin embargo, sino del conocimiento, la imaginación y la adherencia disciplinada a la lógica del programador. Siendo la causa mayor e indispensable del contenido del programa, el programador tiene la demanda más fuerte a la titularidad del mismo.

Con respecto a las creaciones materiales, considere el caso de la alfarería. Una mujer hace una olla valiosa y útil de arcilla, un material comparativamente barato. Este objeto tangible es el resultado de la habilidad y el esfuerzo de la mujer. En el momento de su terminación, ¿puede alguien legítimamente asumir la propiedad de la misma independientemente de la autorización de la mujer? Si es así, ¿qué hicieron o contribuyeron a la creación para justificar esta apropiación? Las respuestas son que en el proceso de creación, no hay cabida para la contribución de una segunda persona que es mayor que la de la mujer con sus manos en el material de construcción. En consecuencia, el reclamo de otra persona debe ser menor. Debido a la participación de la persona y el material natural, este ejemplo muestra claramente la conexión entre el acto de creación y la propiedad. Esta es una conclusión intuitiva, así como un una lógica.

Otro caso de una creación tangible es un constructor que instala una cerca por un acuerdo con un terrateniente. Cuando la madera ha sido cortada a medida y totalmente levantada, luego siguiendo de lo anterior, pertenece al constructor. El terrateniente deberá comprar esta propiedad de él. Si el terrateniente es incapaz o no está dispuesto a pagar, entonces el constructor puede legítimamente desmontar la cerca porque él tiene el derecho a controlar lo que él creó. Si el terrateniente suministra los materiales, entonces retiene su propiedad y el constructor debe dejar los materiales en el sitio. Si el constructor los proveyó, entonces él puede llevarse los materiales con él porque él no alcanzó el punto de transferir la propiedad de ellos.

    El caso de un trabajador de fábrica que agrega partes a un ensamblaje es más difícil. En el mundo actual, el dueño de la fábrica rutinariamente reclama la propiedad completa de la creación relacionada con el trabajo de cualquier empleado. Si bien es cierto que el dueño de la fábrica proporciona las instalaciones, materiales, herramientas, formación y razón para la creación de la adición al ensamblaje, el primer motor en la tarea de creación es el ensamblador. Lo hace es mejorar el valor de un objeto al añadirle a él. De tal modo, el objeto se convierte en uno de más valor. Este cambio en el valor pertenece al ensamblador que lo creó y debe ser comprado de él/ella por el dueño de la fábrica que quiere revenderlo. El precio de compra tiene que ser negociado entre el empleado y la empresa, teniendo en cuenta el valor de la contribución directa e indirecta de la empresa para su creación. El empleado podrá acordar que se compensará por hora para lo que sea que cree en esa hora, como exige el sistema capitalista. La mayoría de las personas, por tanto, son inducidas a creer que el dueño de la fábrica siempre posee lo que un trabajador crea. Sin embargo, lo que indican los derechos naturales es que cuando una persona crea algo, él o ella lo posee.

El caso de un vendedor contratado por una empresa ilustra el principio de propiedad por el creador para creaciones intangibles del negocio. A través de sus actividades, el vendedor obtiene pedidos de los productos y cada orden puede estar relacionada con beneficio esperado de la producción. Al grado que el vendedor sea la causa de la orden, él o ella puede reclamar la parte de beneficios menos el valor de la contribución del dueño del negocio a las actividades del vendedor. En el caso de nuevos clientes encontrados por el vendedor, sería una alta proporción, mientras que en el caso de una orden repetida por un cliente existente, esta proporción probablemente sería mucho menor.

Estos ejemplos pretenden mostrar que cada vez que algo nuevo es creado, la persona o grupo que lo creó es el propietario más lógico. Para aplicar este principio, sin embargo, es de vital importancia identificar exactamente lo que se creó y tener en cuenta las contribuciones de otros.

Un corolario de este principio es que cualquier cosa creada por personas tiene un dueño. Por lo tanto, la propiedad es intrínseca a cualquier cosa de valor creado por la gente, ya sea tangible o intangible. Esto hace un mercado de cosas creadas por las personas. La propiedad puede pasarse a otros a través del intercambio de lo que fue creado por otros, o por medio de dinero, y de esta manera las personas adquieren bienes. También pueden adquirirlo al encontrar objetos artificiales para que el propietario real prácticamente no puede encontrarse o probablemente ha fallecido sin herederos aparentes. Esta noción de la propiedad se aplica también a materiales básicamente naturales cuyo valor es sobre todo debido a las modificaciones hechas por el hombre, por ejemplo, obras de arte. Finalmente, la gente puede adquirir bienes como un regalo de alguien que lo posee. En todos los casos, las cosas evidentemente creadas por algunas personas pueden convertirse en las propiedades de otras personas por legítima transferencia de la propiedad que es intrínseca a ellos. A través de estos procesos, las personas pueden poseer propiedad que necesariamente no crearon.

Propiedad Colectiva

La discusión sobre la propiedad de bienes mostró que la propiedad intrínseca reside en lo que sea creado por personas. También es importante la implicación inversa de este principio. Es decir, la propiedad intrínseca *no* reside en lo que *no* fue creado por la gente. Esto incluye, obviamente, el aire, la tierra, aguas naturales, plantas, animales y todos los demás recursos naturales. Solo existen, sin la apropiación por cualquier persona, para ser compartidos por todos o reservados por unos pocos que están dispuestos a defender su antigüedad contra rivales. En la historia del mundo, las cosas más valoradas como tierras, animales y otros recursos fueron controlados por los suficientemente fuertes para tenerlos, e innumerables guerras fueron luchadas sobre su posesión. De hecho, el patrón de la historia indica que el territorio se tiene, más no se posee. Los gobiernos nacionales, aún hoy, son conscientes de ello y, en consecuencia, casi todos ellos mantienen fuerzas armadas.

Sin embargo, puede decirse que cualquier nación es el titular y propietario de hecho de parte del mundo y lo que la naturaleza haya provisto dentro de sus fronteras es propiedad colectiva de todos los residentes permanentes. Pueden crear cualquier ley que les convenga en cuanto a la gestión de la tierra y otros recursos naturales dentro de sus fronteras. Puesto que estos bienes son de propiedad colectiva, sin embargo, dichas leyes deben reconocer la igualdad de las reclamaciones de los ciudadanos a ellos. Además, aquellos que quieren el uso exclusivo de lo que es propiedad colectiva están obligados a hacer un arreglo con los afectados por este privilegio. Este tipo de acuerdos podrían llevar un costo periódico al solicitante para indemnizar a los afectados por la pérdida de uso y también podría conllevar condiciones. Por dichos contratos, individuos y grupos pueden adquirir tierras y recursos naturales para su uso exclusivo. Los arreglos pueden incorporar los deseos generales de la población con respecto a los privilegios del solicitante y la población afectada y sus hijos, siempre y cuando dichos acuerdos no comprometen a futuros miembros de los colectivos que podrían tener deseos diferentes. Por lo tanto, los contratos exclusivos deberían ser de tiempo limitado.

La propiedad colectiva de las disposiciones de la naturaleza le da a la población el derecho de protegerlos de la contaminación u otros tipos de destrucción. Por lo tanto, cualquier persona que contamine o destruya lo que la naturaleza ha proporcionado está ofendiendo a los propietarios colectivos.

La población puede ejercer su voluntad sobre lo que es propiedad colectiva, probablemente por un proceso democrático y a través de un gobierno. La única restricción es que debe evitarse la violación a los derechos humanos naturales de los individuos.

Propiedad de Animales

Aunque los animales son creados por la Naturaleza, su disposición es un poco diferente al resto de la Naturaleza. El proceso de creación es el mismo en cuanto a los seres humanos (el huevo de la hembra es fecundado), pero con diverso material, específicamente la molécula de ADN. Las especies resultantes tienen un nivel mucho más bajo de conciencia, no piensan, al menos en lo abstracto y no se pueden comunicar en lenguaje complejo. Por lo tanto, no son equivalentes a los seres humanos y por lo tanto no tienen igualdad de derechos. Esta es la base de la dominación humana sobre los animales. La gente puede controlar animales (algunos más fácilmente que otros) y lo encuentran útil hacerlo. Este control puede ser justificado como necesario para la supervivencia o la prosperidad de la especie humana. La justificación es progresiva: entre más vital sea el animal para las necesidades de las personas, más se justifica el control, incluso al punto de matar al animal para obtener alimentos, que es el acto supremo de dominación. Por otra parte, matar a un animal por deporte podría considerarse un acto innecesario de dominación, que hace caso omiso de cualquier derecho de inviolabilidad que tenga el animal. En una vista más amplia de la vida animal, se aprecia que incluso sus vidas son órdenes de magnitud más importantes y más interesantes que el telón de fondo muerto e inanimado del universo. También se puede ver que entre su propia clase, su autonomía es reconocida, y no son matados sin razón. La persona que puede apreciar la perfección de los cuerpos de los animales, tan adecuados para el medio ambiente y su modo de vida, la dinámica de su movimiento y la conciencia en sus ojos, puede sentir lastima por un animal muerto.

La dominación de los animales no necesariamente incluye la propiedad de ellos, sin embargo. Las personas no crearon los animales; por lo tanto, no puede haber ninguna propiedad intrínseca. Los animales fueron creados por la Naturaleza y, en su estatus inferior, son un recurso para todas las personas de rango. Esto fue reconocido por las sociedades nómadas a lo largo de la historia y es todavía una visión sensata, teniendo en cuenta la diferencia de los derechos naturales entre los seres humanos y animales.

La domesticación de los animales pone a algunos animales bajo el control a tiempo completo de ciertas personas que normalmente los reclamaron como propiedad. Sin embargo, con ninguna propiedad intrínseca, tales afirmaciones tendrían validez solo si las personas afectadas estarían de acuerdo con esta propiedad ya que, básicamente, todos tienen un igual derecho a los animales. Este acuerdo podría tener condiciones; por ejemplo, debe respetarse la propiedad de los animales de sus propios cuerpos (el maltrato y la crueldad por lo tanto son ofensivos), y hay que tomar responsabilidad por las necesidades de subsistencia y salud de los animales.

En resumen, la propiedad de animales es un arreglo entre las personas donde una persona o grupo puede controlar y mantener un grupo de animales siempre y cuando asuman la responsabilidad de ellos. El repudio a esta responsabilidad termina el control del propietario y permite que otras personas se hagan cargo de los animales. No existe ningún derecho humano natural que apoyaría la retención de la propiedad por "dueños" rebeldes.

Desconocimiento de los Derechos Humanos

Si la teoría de los derechos humanos presentada aquí tiene sentido, entonces una pregunta natural es "¿Por qué no todo el mundo los acata?" De hecho, no todo el mundo cree en ellos ni los acata, por una variedad de razones. Los principales pueden agruparse como rechazo, prejuicios y el caso especial del castigo. Para los creyentes en los derechos humanos, los dos primeros son condenables, mientras que el tercero es un resultado inevitable de la imposición de los derechos humanos en la comunidad.

Rechazo

Algunas personas rechazan la idea de que toda persona tiene derechos que van con ser una persona y vienen antes de cualquier ideología consecuencialista o regla del gobierno. Fundamentalmente, la casi total autoridad sobre las personas y sus bienes que va con la supremacía del gobierno o la compulsión de algún otro principio consecuencialista requiere el rechazo de tales derechos. La "supremacía del parlamento", como se denomina en los países de habla inglesa, permite a los políticos legislar en cualquier área de la actividad humana que elijan. Es necesario para ellos despedir el obstáculo de los derechos *a priori*, como son llamados los derechos anteriores a todos los demás. Los sistemas fiscales son un buen ejemplo. Cuando toman más de una persona que el valor de los beneficios que el gobierno le da a esa persona, no respetan la propiedad de la persona de su dinero.

El consecuencialismo es un término relativamente reciente para lo que es esencialmente una teoría de ética. Es un fruto del utilitarismo clásico y tiene sus variedades. El utilitarismo es la creencia de que la acción correcta es la que maximiza el equilibrio del placer sobre el dolor para todos los afectados por la acción. Los consecuencialistas plantean que las consecuencias de la acción deben ser el objetivo principal de las teorías morales[†]. Es natural reaccionar a este principio, sin importar como fue afirmado, como un ideal teórico solamente. En la práctica, es sumamente problemático de implementar debido a la dificultad de medición o simplemente el prever todas las consecuencias. Sin embargo, desde su enunciación clara en el siglo XVIII (por ejemplo, *Introducción a los Principios de Moral y Legislación* (1789) de Bentham) y mayor desarrollo en el siglo XIX (por ejemplo, John Stuart Mill (1861)) y XX (por ejemplo, Henry Sedgwick (1907), G.E. Moore), ya había impregnado completamente la teoría política, jurídica y económica en este último. Se aprueban las leyes, se procesan los juicios y los consejos de las organizaciones económicas se basan en principios de utilitarismo o principios consecuencialistas.

El consecuencialismo y el utilitarismo han tenido sus desafíos a lo largo de los años. Estos

---

De la definición de Wikipedia de consecuencialismo.

son comúnmente en forma de situaciones hipotéticas. El siguiente es un ejemplo representativo [10].

Varias personas morirán a menos que reciban trasplantes de órganos, cada una requiriendo un órgano diferente. Una opción radical sería capturar a una persona sana y extirparle los órganos necesarios. Las teorías utilitarias y la mayoría de las teorías consecuencialistas indican que esto sería lo correcto porque tres sobrevivirían y uno moriría en vez de ser al revés. Sin embargo, la mayoría de las personas podrían pensar que esto no sería lo correcto.

Distintos tipos de consecuencialistas han escrito miles de palabras para resolver estos enigmas aparentes. Rara vez es mencionado el tema de los derechos *a priori*. Esto sería como si los comunistas plantearan la cuestión de la propiedad privada. Sin embargo, el ejemplo anterior sugiere la cuestión de los derechos *a priori*. ¿Es el derecho fundamental del donante potencial a la seguridad personal la razón por la cual la donación obligada es difícil de aceptar? Si la teoría de que una persona tiene el derecho exclusivo al control de su cuerpo es aceptada, entonces esta *es* la razón.

La distinción del utilitarismo de la "regla" que surgió en el siglo XX puede abrir la puerta a una reconciliación entre el utilitarismo/consecuencialismo y el concepto de los derechos humanos *a priori*. El utilitarismo de la regla permite que un acto particular en una ocasión particular sea decretado bueno o malo según esté en cumplimiento o en violación de una regla útil; una regla es juzgada como útil o no por las consecuencias de su práctica general (Enciclopedia Británica). Si los "utilitaristas de la regla" pueden aceptar la teoría de los derechos humanos presentada aquí como reglas útiles, que seguramente lo son si se logra la gama de aplicación, protección y durabilidad, entonces se sugiere la compatibilidad. Además, si los consecuencialistas pueden aceptar que la filosofía consecuencialista puede aplicarse por un individuo o un grupo u organización sólo dentro de su área de control, entonces la compatibilidad es posible. Sin embargo, también deben aceptar que sus áreas de control están limitadas por la jurisdicción de los derechos humanos y que cualquier violación sobre este límite es una transgresión clara y presente.

Relacionada con la ética consecuencialista es la visión que cada persona es una persona social, lo que significa que es una parte integral de una sociedad de personas. De esto sigue la moral que un individuo no puede poner sus propios intereses por delante de los de la sociedad sin renunciar a este cargo. El bienestar de la sociedad en su conjunto por lo tanto es de suma importancia y pone en el individuo la obligación de apoyar a la sociedad en general con su cumplimiento y riqueza. Tal cultura del deber no puede, por razones teóricas y prácticas, atenerse al concepto que cada persona es un ser autónomo, teniendo los derechos naturales que vienen antes de sus obligaciones a la sociedad. Una sociedad que requiere el cumplimiento de un rol social (se puede decir que es el significado original de "socialismo") regularmente rechaza los derechos humanos que obstaculizan su funcionamiento previsto. Entre aquellos está el derecho a controlar las posesiones de uno.

Los gobiernos de estas sociedades sistemáticamente confiscan el dinero de la gente, por ejemplo, para pagar por los deseos de la sociedad, como resultado de un proceso democrático. Filosóficamente, el gobierno considera que el individuo posee el dinero que queda *después* de que el Gobierno haya tomado lo que desee. La teoría de los derechos humanos presentada aquí considera que un individuo posee el dinero que tiene *antes* de que el gobierno tome lo que desee. Esto sigue de la "propiedad de bienes" presentada anteriormente que, como con todos los derechos primarios, es absoluta.

Los derechos humanos a veces son relegados en esos ámbitos de la actividad humana donde la conveniencia es importante para el logro de metas. El ámbito más grande son los negocios y el derecho más comúnmente ignorado es el derecho de propiedad sobre lo que una persona crea. Este derecho directamente opone el *modus operandi* del negocio, que es comprar los productos y servicios creados al menor precio posible y venderlo al precio más alto posible. Esto es acelerado al reclamar la propiedad de lo que se crea en los locales comerciales. Cualquier reclamación de un trabajador que él o ella posee lo que él o ella creó sería rechazada inmediatamente.

En el ámbito político, los regímenes represivos han considerado conveniente hacer caso omiso de los derechos humanos en establecer y mantener el control sobre la población. Hubo muchos ejemplos de esto en el siglo XX: las purgas en los regímenes comunistas de la Unión Soviética, China y Camboya, el exterminio nazi de los judíos, eslavos y prisioneros inconvenientes, y dictaduras asesinas en Uganda, Iraq y otros países. Todos demostraron el rechazo de los derechos humanos y millones de personas perdieron la vida.

Cotidianamente en cada país, los criminales ignoran los derechos de sus víctimas. Una lógica común de la actividad criminal es que no hay reglas, que el mundo es una "batalla campal" con ninguna razón fundamental, salvo el peligro de ser atrapado por no satisfacer cualquier deseo. Estas personas repudian todos los derechos, leyes y preceptos religiosos. Pero, ¿esto es solo una jugada sobre la supuesta falta de una voz o presencia externa, una jugada que convenientemente justifica comportamiento que permite excesos? Lo que falta en tal jugada es la realización de que hay seis mil millones de personas que tienen que compartir este planeta, cada uno queriendo cumplir con sus deseos. Esto puede hacerse en la armonía o en el caos resultante de no tener reglas o la falta de hacer cumplir las reglas. Cuando se consideran todas las cosas a largo plazo, la armonía es mejor para todos.

Prejuicio

El prejuicio es otra causa del incumplimiento de los derechos humanos. Ocurre cuando una persona llega a creer que las personas de otro grupo son tan diferentes como para ser un ser humano distinto, casi de otra especie diferente. Sus características exteriores pueden ser denigradas y ridiculizadas pero, por encima de todo, se consideran fuera del perímetro del grupo que tiene los derechos fundamentales. Por consiguiente, existe una disposición a menospreciar o ignorar a alguien en el grupo objeto si debe haber una ruptura en la civilización. En la década de los 1990 (para escoger sólo una década), hubo tales rupturas en África Central, los Balcanes y Palestina y, a través del beneficio de la televisión, el mundo vio un perjuicio en acción en la violencia resultante.

El tipo más sencillo de prejuicio es el basado en la diferencia física real. El caso del prejuicio contra las mujeres debe ser mencionado de primero porque es endémico a las culturas de muchas naciones. En algunos países, a las mujeres no se les permite votar; en algunos no pueden poseer bienes inmuebles y en algunos países de Medio Oriente no pueden conducir un vehículo. Mucho peor es la violencia contra las mujeres, especialmente en aquellos países donde las autoridades competentes no las protegen, ni perseguir a los atacantes. Los cuentos de inmolaciones, brutales asesinatos y violaciones, mutilaciones y golpes son las más terribles historias de terror a las personas contadas en el mundo moderno.

Debemos preguntarnos cómo ocurrió esto y lo que se puede hacer al respecto.
Presumiblemente, este prejuicio comenzó antes de la historia. En esa época primitiva, la fuerza física mayor de los hombres les dio un poder

evidente sobre las mujeres y el derecho aparente de dirigir el curso de la comunidad. Esta impresión se vio reforzada por la apremiante necesidad de seguridad física, una tarea que requirió la fuerza de los hombres y naturalmente los impulsó a asumir roles de liderazgo. Los hombres se acostumbraron a dar órdenes a mujeres y niños. Sin embargo, en el mundo moderno, tales razones no son convincentes. Es más importante ser capaz de razonar y comunicarse y aprender los sistemas complejos que se han diseminado alrededor del mundo. Estas habilidades son igual de posibles en una mujer como en un hombre. Por lo tanto, la condescendencia hacia las mujeres, si bien siempre ha sido injusta, no tiene ningún sentido en el siglo XXI.

La subyugación de las mujeres será corregida cuando cada persona en el mundo haya sido educada en cuanto al verdadero estatus de los hombres y mujeres - que ambos están igualmente calificados para ser personas, y todas las personas tienen los mismos derechos fundamentales. La protección de las mujeres será confiable cuando las autoridades competentes en cada jurisdicción política acepten la igualdad de los hombres y mujeres ante la ley. No deben hacer tratos con aquellas personas tercas e egoístas que no reconocen la igualdad de derechos de las mujeres.

Aparte del prejuicio contra las mujeres en algunas partes del mundo, que es realmente grave, no mucho puede hacerse de las diferencias físicas entre las personas. Dentro de muchos grupos coherentes de personas hay variedades de derivaciones étnicas, y hasta de color de piel. Con distinciones tribales, sin embargo, las diferencias entre las personas son creadas por la mente y la mente no tiene límites. En consecuencia, el odio generado por diferencias tribales puede ser ilimitado, más allá de toda razón y terrible en sus manifestaciones. Se han visto escenas impactes de las personas siendo picadas como leña por agresores con machetes, y de cuerpos siendo exhumados de fosas comunes en Bosnia e Irak por televisión. Los bombardeos que estallan los cuerpos de personas y que dispersan extremidades no son infrecuentes en Palestina y solían ser divulgados en Irlanda del norte. Estos eventos son totalmente deplorables por su total irrespeto de los derechos de las víctimas a la seguridad de la vida y la integridad física. Sus agresores muestran la ignorancia y la maldad que son características de los prejuicios.

Educar a los ignorantes sobre el estatus apropiado de las mujeres y su posesión de los derechos fundamentales, y convencer a los tribalistas fanáticos que las características comunes de un ser humano son más sustanciales que las distinciones tribales son los desafíos más grandes en traer seguridad a las personas a través de la aceptación de los derechos humanos. Al mismo tiempo, son potencialmente las victorias más grandes.

Castigos

Cuando una persona infringe el derecho de otra persona de manera importante, puede caer sobre la víctima o la comunidad castigar al delincuente en aras de la justicia o disuasión. En este castigo, se desconsiderará el derecho del delincuente a su propiedad y/o persona. Esto parece ser incompatible con una política de respeto de los derechos de todas las personas. Cuando se observa que un derecho es una reclamación que exige el respeto de los demás, entonces claramente el delincuente no puede reclamar un derecho que le ha negado a otro y su reclamación pierde su autoridad. Un corolario es que el castigo no debe exceder el crimen porque el derecho del agresor a no ser desestimado no puede exceder el derecho que él o ella no respetó sin cometer otro delito. Por consiguiente, la teoría de los derechos humanos presentada aquí no especifica el castigo para un delito/crimen, sino que especifica el límite de tal castigo. No debe superar el dolor y las lesiones, o la pérdida, del crimen. La pérdida puede incluir, además del daño físico o pérdida real, el estrés, dolor y agitación de la víctima y la reducción general en el sentido de seguridad. El castigo por robar $1000, por ejemplo, puede ser mucho más que $1000 cuando estos efectos intangibles son tomados en cuenta.

Quien se compromete a castigar al infractor de los derechos puede decidir sobre la sanción dentro del límite especificado anteriormente. En el mundo moderno, normalmente el sistema judicial del gobierno hace esto y su libertad de acción, dentro de una disciplina de los derechos, es la misma.

CAPÍTULO 3: IMPLICACIONES

Los derechos subsidiarios están implícitos en los derechos naturales que se discutieron en el capítulo anterior. Mientras que esos derechos fundamentales hacen una base sólida en teoría, los derechos implícitos se aplican más fácilmente a los asuntos humanos reales. En particular, pueden presentarse en las leyes que son definitivas y aplicables. Los gobiernos en los que las personas tienen que confiar entonces pueden mantener una sociedad en la que se protegen los derechos humanos fundamentales.

Los derechos implícitos se basan en el siguiente fundamento de derechos humanos naturales:

Cada persona es dueña de sí misma, cuerpo y mente.

Cada persona posee lo que él o ella ha creado, de cualquier valor o falta de valor, en cualquier situación.

Lo que fue provisto por la Naturaleza/Dios pertenece por igual a todo el mundo.

No puede haber ninguna propiedad intrínseca de animales, pero una custodia responsable a tiempo completo de un animal por una persona o un pueblo se puede acordar con la comunidad.

Los derechos y obligaciones implícitos son los siguientes.

Responsabilidad y Seguridad Personal

Así como el derecho de propiedad de un objeto inanimado, como un carro o una casa, implica la inviolabilidad del objeto por otra persona, también la propiedad de uno mismo implica el derecho a la seguridad personal. El derecho de propiedad significa normalmente tener el derecho exclusivo a usar, dañar, reubicar o de cualquier manera tomar el control de lo que es propiedad. En una situación anómala, lo que es propiedad participa en la transgresión de los derechos de otro. En reacción, el derecho del propietario puede ser trascendido por la protección de los derechos de la otra persona. De lo contrario (en una situación normal), el derecho a la seguridad personal es absoluta porque prosigue del derecho básico de la propiedad de uno mismo, que es absoluto. Aplica en todas las relaciones con otros individuos o grupos. Aplica especialmente en todas las relaciones con grupos organizados, tales como gobiernos, militares u organizaciones de policía, organizaciones religiosas, corporaciones, bandas criminales y así sucesivamente. Ninguno de estos puede usar la fuerza o la coacción contra un individuo sin una justificación clara, y tal justificación debe basarse en una transgresión importante lograda o inminente de los derechos de otras personas.

Una persona también es dueña de su mente, y eso implica un derecho de seguridad contra las invasiones indeseables de la mente de los individuos o grupos de personas, independientemente de cómo se denominen o lo que reclamen poseer. Poseer la mente de uno le da el derecho a elegir cuales mensajes aceptará, y los de qué tipo, y los que no. La publicidad no solicitada que una persona no puede evitar, por ejemplo, un altavoz en un carro que va pasando, es un ejemplo de este tipo de transgresión. Más grave es el intento de una persona o grupo de controlar la mente de otra persona a través de engaños o fraudes, especialmente cuando dicha acción es regular, es decir, ocurre a largo plazo.

El derecho de seguridad personal debe proteger a una persona de ataques de todo tipo: físicos, mentales, visuales, auditivos, olfativos y táctiles. Este derecho adecuadamente puede ser la base de la ley, desde el código penal a ordenanzas municipales. Sin embargo, el derecho existe si existen leyes o no, independientemente de la jurisdicción.

El derecho a controlar la mente de uno lleva también la importante implicación de que cada persona es responsable de sus acciones porque es incoherente reclamar la propiedad de la mente de uno y rechazar la responsabilidad de lo que la mente decide. Incluso bajo circunstancias temerosas o complicadas, ante presiones o amenazas contundentes, siempre hay opciones y una persona es responsable de lo que él o ella eligen. Es la otra cara de la moneda de la propiedad de uno mismo y está igualmente fundada. Este principio ya está incorporado en prácticamente todos los sistemas judiciales, donde la inocencia o culpabilidad se basa en la responsabilidad personal por las decisiones tomadas.

Libertad de Asociación y los Derechos de Grupo

El corolario de tener el derecho exclusivo a controlarse a uno mismo es que ninguna otra persona o grupo puede asumir el control a menos que su/sus derechos fundamentales estén siendo violados. A excepción de esta disposición, la persona tiene la libertad de tomar cualquier decisión por sí misma. En particular, esto incluye el derecho a elegir sus socios, así como aquellos con quien él o ella no quiere asociarse. Aplica a la elección de cónyuge, amigos, lugar de residencia, empleador, clubes sociales y así sucesivamente. Por lo tanto, una persona puede no estar obligada a vivir en una residencia particular, ni obligada a trabajar para un empleador determinado, ni obligada a casarse con cierta persona. Se aplica el derecho sin límites (excepto la transgresión de los derechos de otro) en instalaciones propiedad de la persona, por ejemplo, casa, vehículo, lugar de negocio u otros dichos bienes del sujeto. Se aplica en cualquier lugar público a menos que el ejercicio del mismo reduciría la capacidad de los demás a disfrutar de bienes públicos.

Por el contrario, una persona puede incurrir en restricciones a su libertad de asociación cuando se encuentra en las instalaciones de otros porque los propietarios tienen derecho a establecer las reglas en sus instalaciones. Ser empleado por alguien es un caso muy común donde se aplica esta situación. Puesto que la persona sujeto no es dueña de la organización empleadora, la voluntad de los demás puede anular la libertad de asociación del sujeto, exigiendo una cooperación y preeminencia igualitaria de los intereses de la organización en las relaciones con otros empleados y clientes. Por ejemplo, un empleado no puede negarse a servir a un cliente que no le cae bien. De tal modo, la libertad de asociación está limitada en una situación de empleo.

Con el debido respeto a los votos matrimoniales, esta libertad de asociación se aplica al matrimonio. En primer lugar, una mujer tiene el derecho a elegir a su cónyuge, ya que ella se posee a sí misma. Lo mismo aplica a un hombre. Los padres no tienen un derecho natural para anular este derecho porque no poseen a sus hijos (se poseen ellos mismos). Después del matrimonio, una pareja tiene el derecho natural a permanecer en el matrimonio o salir de él. Sin embargo, la disolución de votos por la nulidad o divorcio es necesaria, de lo contrario el otro cónyuge es víctima de una promesa rota, que rompe un derecho contraído. En el caso de que un cónyuge incumpla la promesa de «amar y honrar, renunciando a todos los demás», puede considerarse el acuerdo roto y el otro cónyuge tendría justificación en retirar su parte del acuerdo. La principal implicación de la libertad de asociación es que los votos matrimoniales no transmiten la propiedad de una persona a otra. La asociación en el matrimonio es una de personas con igualdad de derechos fundamentales, de tal manera que los compromisos fluyen de forma recíproca, igual que la responsabilidad de respetar los derechos humanos de la otra persona. En el caso de la abolición grave, por ejemplo, maltrato y peligro físico, los votos matrimoniales deben ceder.

Ciertos compromisos que van con el lugar donde uno reside y no contradicen los derechos humanos naturales pueden anticiparse al derecho de asociación. Un ejemplo importante es el reclutamiento militar. El servicio militar obligatorio se basa en una obligación asumida de que cada ciudadano debe contribuir a la defensa nacional ante posibles ataques de un enemigo. Puesto que la seguridad de una persona depende de la preparación militar, una negativa a contribuir cuando sea necesario, es decir, ejercer el derecho de no asociarse, omitiría la obligación, como accionista igualitario en la nación, para asumir igual responsabilidad en su defensa. También ofendería el derecho de aquellos que proporcionan protección para esperar cooperación. Del mismo modo, en el caso de servicio de jurado, cada ciudadano es un accionista igualitario en el sistema judicial y, una vez más, una persona tiene el deber de contribuir cuando sea necesario. Estas obligaciones similares obviamente limitan la libertad de una persona a no asociarse. El único escape es pasar a otra entidad política; sin embargo, con el mundo dividido en naciones que tienen obligaciones similares, esto no parece ser un camino práctico.

La libertad de asociación que se acaba de discutir apoya la formación de grupos. Dios los cría, y ellos se juntan, por así decirlo. Toda persona tiene el derecho de unirse a un grupo y presumiblemente el mismo tendrá elementos o requisitos diferenciadores. El grupo podrá excluir aquellos que no tienen o adoptan estas características, es decir, aquellos que no califican para la admisión. Los excluidos no han sufrido una violación de sus derechos humanos naturales porque no hay ningún derecho o derecho derivado que afirma que pueden inyectarse a un grupo de su elección. Por lo tanto, puede haber grupos selectos, grupos religiosos, grupos de aficiones, grupos étnicos, grupos de intereses especiales, grupos de géneros, grupos raciales y así sucesivamente. En una escala mayor, la libertad de asociación apoya la formación y el mantenimiento de las tribus y naciones. Después de todo, estas son manifestaciones de la voluntad de las personas a unirse. Son opciones legítimas de personas libres siempre y cuando los objetivos o práctica del grupo no son la derogación de los derechos fundamentales de los demás. En ese caso, el grupo se convierte en una tribu o nación corrupta.

Mucho se ha hablado de los "derechos de grupo" pero los derechos naturales surgen de la dotación de la naturaleza al *individuo*. El grupo, en esencia, es un conjunto de personas, no una entidad hecha por la Naturaleza o Dios. Por esa razón, no hay ningún derecho natural de un grupo que trascienda los derechos individuales. Más bien, los derechos de un grupo son la suma total de los derechos de los individuos constitutivos, no menos y no más. Estos derechos agregados pueden volver a estructurarse, sin embargo, para la construcción de los derechos de grupo de los derechos individuales.

La primera reestructuración para hacer un derecho de grupo es el derecho a existir. Esto significa que cualquier grupo que no tiene como su propósito o práctica el desconocimiento de los derechos de los demás tiene el derecho a existir porque es la manifestación de la libre voluntad de sus integrantes a unirse en interés común. Al reestructurar el derecho del individuo a la seguridad personal, el grupo tiene un derecho a la seguridad colectiva. En consecuencia, las personas tienen derecho a proteger el grupo al que pertenecen ya que ellos están proveyendo la seguridad personal de todos los miembros. Tal motivo justifica las barreras, interrogatorios, registros de personas y sus pertenencias, otras medidas intrusivas y los sistemas de seguridad organizados. Excepto cuando se sospecha de dolo, un intruso en una barrera de seguridad debe tener el derecho de retirarse; de lo contrario será transgredido su derecho a la seguridad personal. Por otra parte, en la búsqueda de la seguridad del grupo, la responsabilidad recae en los protectores para justificar las medidas intrusivas frente al derecho de la seguridad personal de los invasores. El elemento clave es que los intrusos no están forzados o coaccionados, pero se someten voluntariamente como parte de un procedimiento necesario para el ingreso al grupo o su propiedad. Sin estas disposiciones importantes, el delicado equilibrio entre el derecho del grupo a la seguridad colectiva y el derecho del individuo (intruso) a la seguridad personal puede inclinarse hacia la infracción de los derechos y posiblemente incluso hacia la agresión.

El derecho a la seguridad colectiva es, por supuesto, la justificación para la policía y las fuerzas militares. Su función es salvaguardar la seguridad personal y la propiedad de todos los miembros del grupo, es decir, todos los residentes de la jurisdicción/nación.

Seguridad de la Propiedad

En el capítulo anterior, se demostró cómo una persona podría llegar a ser propietario de las cosas creadas por el hombre. Poseer algo significa tener el derecho exclusivo al control de la propiedad, que implica un derecho a su seguridad contra el control ilícito por un no-propietario. Las únicas justificaciones por el incumplimiento de esta seguridad son si el propietario usa su propiedad en la comisión de una infracción de los derechos de una persona o comprometió la propiedad contra un préstamo. De lo contrario, ninguna persona o grupo, independientemente de su estación, tiene derecho a violar el control del propietario de su propiedad. Esto se aplica sin importar el estatus, poder o autoridad de la persona o grupo, incluyendo los gobiernos. Los gobiernos elegidos o autoproclamados son operados por grupos de personas y no hay ningún derecho natural e innato en un grupo, aunque sea una mayoría de personas que abruman el derecho de una minoría o un individuo sobre su propiedad personal. Cualquier legislación que de alguna manera confisque la propiedad artificial de los ciudadanos no tiene base en esta teoría de los derechos humanos. Por lo tanto, para obtener financiamiento, los gobiernos deben mostrarle a cada individuo exactamente cuánto deben por los beneficios indirectos o directos del gobierno y cobrar compensación de individuos y empresas para el uso y aprovechamiento de los recursos naturales, entre ellos la tierra. Esto se discutirá más adelante en otra sección.

El dueño de cosas hechas por el hombre puede defenderlas contra robo, pero los medios deben ser acordes con el valor de la propiedad.

No deben cambiar indebidamente la seguridad personal del ladrón potencial por la seguridad de la propiedad. Por ejemplo, la vida humana generalmente vale más que las cosas hechas por el hombre.

Control de Animales

Como se discutió anteriormente, la propiedad de animales es por un acuerdo con la comunidad. Esta disposición no excluye la preocupación de la comunidad con la manera en que los animales son tratados, pero más bien incorpora dicha preocupación. Cualquier comunidad (generalmente organizada como una jurisdicción política) probablemente requerirá que se proporcione una alimentación adecuada, agua y otros elementos esenciales a los animales y que sean tratados humanamente. El no hacerlo probablemente provocaría a la comunidad, lo que podría resultar en la cancelación de la disposición de propiedad y la toma de posesión de los animales por la comunidad. Básicamente, una persona o un grupo que mantiene a los animales se comprometen a la responsabilidad de cuidar de ellos, o perderá la propiedad de los mismos. Esto es acorde con la opinión de que los animales tienen propiedad de uno mismo entre su propia clase, que lleva a un estado natural y la dignidad que el ser humano está trascendiendo al controlarlos. Aunque puede ser necesario o conveniente dominar a los animales, particularmente como una fuente de alimento, aún pueden ser tratados con comprensión y simpatía con respecto a su estado natural como los demás seres creados paralelamente a los seres humanos por la misma Naturaleza o Dios.

Por desgracia, el efecto de las viviendas humanas en animales ha resultado en una reducción grave en algunas poblaciones. Según la Unión Mundial para la Naturaleza, en 2006 hubo 146 especies en la "lista en peligro de extinción" y 150 en la "lista en peligro crítico de extinción". Esto incluyó algunos animales de tierra, además de mamíferos de mar y peces, que han sido cazados hasta el borde de la extinción. Desde la perspectiva de los derechos humanos, aquellas personas que han contribuido a esta disminución han ofendido el derecho natural de todos los ciudadanos actuales y futuros para el disfrute y beneficio de la naturaleza. Es importante que las personas estén conscientes de ello para que puedan presionar a sus gobiernos nacionales para llevar a cabo las contramedidas para proteger este derecho.

La Tierra y Otros Recursos Naturales

Debido a que la tierra de un país y sus otros recursos naturales son la propiedad colectiva de la población, cada ciudadano tiene igualdad como un derecho humano natural. Por lo tanto, en el caso de la tierra, cualquier persona o grupo que quiera el uso exclusivo de una parcela de tierra debe indemnización a la comunidad afectada por la pérdida del uso de lo que poseen colectivamente. Esta compensación sería en forma periódica debido a que la pérdida de uso está basada en el tiempo. Además, dicha indemnización podría variar con el atractivo de la tierra con el tiempo. Además, la comunidad podría imponer condiciones en el acuerdo, por ejemplo, para salvaguardar sus intereses en relación con el desarrollo futuro, o requerir precauciones en caso de operaciones peligrosas. Esto sería esencialmente un acuerdo de arrendamiento que puede ser de tiempo limitado o indefinido, es decir, en efecto hasta la muerte del titular del contrato de arrendamiento. Por proceso democrático, la comunidad podría incluir lo que elija en dichos arrendamientos siempre y cuando no comprometan las generaciones futuras y así quitarles su derecho de control sobre lo que se poseen colectivamente. El resultado neto tendría un aspecto similar a un sistema de propiedad privada de la tierra, con dos diferencias importantes. En primer lugar, la propiedad privada se define como perpetua, pero los arrendamientos de tierra no lo son. A pesar de que pueden ser a largo plazo o incluso permanentes, con derechos de sucesión por hijos u otros parientes, probablemente habría disposiciones de cancelación si la comunidad necesitara la tierra por una razón particular. En segundo lugar, mientras que la imposición de la voluntad de la comunidad en tierras de propiedad privada podría considerarse un conflicto con la propiedad privada, en el sistema de propiedad colectiva de toda la tierra, la voluntad de la comunidad puede implementarse sin un conflicto con los derechos naturales, siempre y cuando se haga un arreglo justo con respecto a mejoras en la tierra.

La compensación a la comunidad por su pérdida de uso de la tierra es una razón fundamental por la cual el arrendador de una parcela de tierra debe pagos periódicos a la comunidad. Sin embargo, el inquilino posee las mejoras hechas por el hombre y no se debe ningún pago periódico por su valor. Por lo tanto, los sistemas impositivos que existen en muchos países para gravar bienes inmuebles según el valor de la tierra más mejoras hechas por el hombre en ella no son consistentes con la teoría de los derechos presentados aquí.

Principios similares se aplican al agua, minerales, combustibles y otros recursos naturales. Quien los extraiga para su uso debe comprarlos de sus propietarios colectivos, es decir, la comunidad afectada. Esta es una razón fundamental para los pagos a la comunidad con respecto a la explotación de los recursos naturales. El precio de las materias primas dependerá por supuesto del precio del mercado del producto terminado y el costo de extracción, procesamiento y operaciones comerciales, más las ganancias. Por lo tanto, los pagos varían con el tiempo. Los pagos por los recursos naturales extraídos se acumulan igualmente a todo hombre, mujer y niño en la jurisdicción política gobernante.

Práctica de la Religión

Debido a que cada persona es dueña de su propia mente, él/ella tiene el derecho a elegir cualquier teoría de lo sobrenatural para aceptar o elegir ninguna. Por lo tanto, cualquier individuo o grupo que obliga, coacciona o presiona a una persona a aceptar o seguir sus creencias está infringiendo ese derecho. Esto se aplica a cualquier escala del hogar a nivel nacional. Los países cuyos líderes categorizan su nación como un país de religión X están declarando su intención de mantener una tiranía religiosa que ignora los derechos del pueblo a sus mentes. Ni la "libertad de religión" ni la aceptación internacional contradicen esta conclusión porque el derecho natural de una persona a la propiedad de uno mismo es absoluto.

En la práctica de la religión, una persona puede aplicar las prescripciones y exigencias de su religión elegida para sí solo y no puede forzar, coaccionar o presionar las mismas a cualquier otra persona. Ninguna estrategia puede emplearse para ello, tales como tácticas de miedo, reclutamiento coercitivo, publicidad intrusiva, leyes gubernamentales o el sistema educativo. Tampoco ningún proceso democrático, por el cual una mayoría puede anular el derecho de un individuo de sus propias decisiones sobre las creencias religiosas, tiene ninguna legitimidad en el ámbito de los derechos naturales.

Educación

Una institución educativa, ya sea proporcionada por un gobierno, organización de la iglesia u organización privada, tiene la oportunidad de capturar las mentes de los estudiantes para sus propios fines. Una operación de ese tipo sería una transgresión del derecho de los alumnos a controlar sus propias mentes. La educación que respete este derecho no forzará, coaccionará o engañará a la gente con el fin de capturar sus mentes. Esto es especialmente cierto de los niños porque no tienen el conocimiento y la experiencia de vida que les permitan distinguir los hechos de la teoría, verdad de la falsedad, o motivos egoístas. Por lo tanto, el adoctrinamiento de los niños o adultos vulnerables es una derogación del derecho de propiedad de uno mismo. La educación debe ser una transferencia de información con el fin de aumentar los conocimientos de los estudiantes. Si se enseña religión, entonces todas las religiones más importantes del mundo deben ser cubiertas igualmente. Después de esta exposición, cualquier religión puede enseñarse más detalladamente a los estudiantes que la seleccionen cuando sean lo suficientemente maduros como para comprender sus opciones. Lo mismo aplica a la doctrina y la ideología política. La educación debe ser destinada a educar, no a adoctrinar. De lo contrario, interferirá con el derecho de las personas a tomar decisiones libres en sus propias mentes.

Negocios y Comercio

En la operación de los negocios y el comercio, hay una obligación recíproca para los empleadores y empleados y para proveedores y clientes a respetar los derechos de los demás. Esto se aplica incluso frente a la enorme disparidad en la cantidad de poder o riqueza disponible a las partes porque la ecuación de derechos humanos iguales para todos no reconoce estas diferencias. Por lo tanto, las empresas deben respetar el derecho del individuo a la seguridad personal y la seguridad de su propiedad personal, y los individuos deben respetar la seguridad de los operadores de las empresas y de sus bienes.

Los empresarios están obligados a reconocer la equidad de los empleados en los productos y la reputación de la empresa, esta equidad basándose en lo que crearon para la compañía. En consecuencia, los pagos a los trabajadores deben basarse en las adiciones incrementales de valor creadas por la persona y por lo tanto siendo de su propiedad inicialmente. Esto se aplica a creaciones tangibles e intangibles. Se aplica al valor incremental que se agrega a un objeto por una operación realizada por un trabajador de producción. Se aplica al aumento incremental en buena voluntad creada por la actitud agradable del empleado en el servicio a un cliente. Todo lo que un empleado hace que aumenta el valor es una creación y el empresario debe comprarle su valor al propietario. La negociación sobre el valor de un cambio que fue creado es esencialmente entre el empleado y el empleador y puede hacer cualquier fórmula mutuamente acordada para el pago. El incumplimiento del empresario a reconocer los derechos de propiedad de los empleados sobre lo que ellos creen es una derogación de su derecho natural.

Papel del Gobierno

Hay innumerables gobiernos en todo el mundo. Ellos y sus reglamentos son tan ubicuos que parecen parte del mundo creado por Naturaleza/Dios. Que esta no sea la realidad viene naturalmente a algunas personas, mientras que otros deben usar un acto concertado de voluntad para reconocerlo. En la teoría de los derechos humanos presentada aquí, los gobiernos son creados por personas para satisfacer la necesidad percibida de una organización que tiene la voluntad y los medios para proteger y controlar. Específicamente, necesitan administrar las siguientes tareas como mínimo.

- o Defender la nación contra los enemigos externos y controlar la entrada de extranjeros según lo requerido por la voluntad mayoritaria de la población.
- o Proporcionar una protección eficaz para los derechos humanos naturales de todas las personas dentro de sus fronteras y de sus ciudadanos fuera de sus fronteras es lo práctico.
- o Administrar lo que es propiedad colectiva de una manera sostenible para el máximo beneficio de las generaciones presentes y futuras.

Los gobiernos debidamente constituidos son las organizaciones obvias para estos roles porque pueden crear y hacer cumplir las regulaciones que se aplican a todo el mundo. A nivel nacional, el gobierno debe lidiar con el hecho de que el mundo está dividido en Naciones, cada una reclamando un territorio demarcado que están dispuestos a defender y debe estar preparado a hacer lo mismo. Debe controlar los visitantes y evaluar solicitudes de inmigración contra las especificaciones de la población que posee colectivamente el país como su hogar. El gobierno nacional debe garantizar que los derechos de cada persona están protegidos por la ley y ser eficaces en la aplicación de estas leyes. Debe asegurar que todas las organizaciones o los gobiernos subsidiarios que requieren una rendición del derecho de un ciudadano a obtener esto de forma voluntaria. Por otra parte, debe evitar la tiranía de una mayoría en un proceso democrático que requiere que los ciudadanos dispuestos a entregar cualquiera de sus derechos humanos naturales, para estos casos son una aplicación indebida de la democracia. La aplicación más adecuada de la democracia es para decidir qué hacer con algo que más de dos personas poseen. De lo contrario, la democracia puede ser una tiranía cuando una mayoría ignora posesiones en manos de una minoría o un individuo.

Porque la misión de un gobierno es servir al pueblo y son directamente responsables ante el pueblo, los gobiernos son las organizaciones lógicas para administrar tierras y otros recursos naturales. Estos recursos son la propiedad colectiva de los residentes permanentes que probablemente desean maximizar los beneficios para sí mismos, preservando el medio ambiente y regenerando los recursos renovables en beneficio de sus descendientes. Algunos recursos no son renovables y son consumidos continuamente. De nuevo, las generaciones futuras deben tomarse en cuenta, tanto así que las tasas de agotamiento permitirán tiempo suficiente para que la tecnología y el sistema económico generen procesos alternativos o sustitutos. Una generación que sacrifica el suministro de los recursos naturales para las generaciones futuras estaría ignorando el último derecho a la generosidad de la Naturaleza.

Con el apoyo de la mayoría de los ciudadanos, los gobiernos podrían emprender otros fines siempre y cuando respeten los derechos individuales y eviten tiranías de cualquier tipo. Los costos asociados a estos propósitos se deben difundir entre cualquier grupo en proporción a sus beneficios; de lo contrario, a algunas personas se les quitará el dinero para ningún beneficio, mientras que otros obtienen un beneficio sin costo alguno. Algunos ejemplos son la realización de la educación básica de los ciudadanos, la organización y promoción de la identidad y la cultura nacional y mantener los registros y exhibiciones de la historia.

Al mismo tiempo, el papel principal y esencial del gobierno es como se indican al principio; y en la medida en que esos tres propósitos no se cumplan, el gobierno ha fallado. Además, en la medida en que haya abusado los derechos humanos fundamentales, ha perdido su derecho a gobernar porque su mandato es para el primer objetivo de la protección de los derechos humanos.

CAPÍTULO 4: NOCIONES FALSAS DE LOS DERECHOS HUMANOS

En el siglo XX, muchas personas proclamaron como derechos humanos lo que querían que fueran. Este enfoque se ha generado generalmente por una visión de una sociedad ideal creada y mantenida por los gobiernos. Por desgracia, las personas sin educación en la teoría de los derechos humanos interpretan tal conversación de los derechos humanos incluyendo el derecho a continuar recibiendo lo que gratamente estaban acostumbrados a recibir. Las protestas en la calle y los gritos de la violación de los derechos eran a menudo el resultado de alguien que intenta llevarse una existencia beneficiosa que un grupo específico se había acostumbrado. Con diversas organizaciones en todo el mundo anunciando la llamada a los derechos humanos, se propagaban las nociones de nociones verdaderas y falsas de los derechos humanos. Sin embargo, los verdaderos derechos prevalecen en la composición de los derechos humanos, entonces las nociones falsas deben ser identificadas y eliminadas. Cuatro de los más importantes son abordados en la siguiente sección.

La Necesidad Genera un Derecho

Si la necesita crea un derecho, cuando una persona tiene una necesidad es la obligación correspondiente de todo el mundo que es capaz de satisfacer la necesidad de hacerlo (véase Introducción, párrafo segundo). Por lo tanto, si una persona pasa al lado de un mendigo en la calle, el mendigo tiene derecho a cualquier dinero que esté en la cartera del transeúnte que exceda la necesidad de esa persona. Si hay un policía cerca, su responsabilidad es probablemente apoyar a la persona que tiene derecho a poseer el dinero. Por lo tanto, debe extraer el exceso de dinero en la cartera y dárselo al mendigo sin importar las protestas de los transeúntes. Si, por el contrario, el derecho a controlar el dinero es creado por la posesión del mismo, entonces el policía debe apoyar a los transeúntes si el mendigo intenta tomar su exceso de dinero. La pregunta evidente es si la necesidad o la propiedad/posesión crea un derecho a controlar el dinero.

El problema con la primera alternativa es que no existe un vínculo firme entre una necesidad y un derecho a tener esa necesidad satisfecha por quien pueda hacerlo. Este vínculo debe ser fabricado por quienes desean que vínculo exista. Para justificar su posición, deben demostrar cómo la necesidad de una persona necesariamente establece una obligación para otros. Invariablemente, el argumento estará basado en alguna filosofía o moral que es elegida por los autores. Sin embargo, hay una variedad de filosofías y moralidades que coexisten en el mundo, unas especialmente basadas en la religión y lo que eligió una persona puede no ser lo que eligió otra. En consecuencia, el reclamo que la necesidad crea un derecho no tiene aplicación universal y no puede ser demostrado a ser una verdad universal. En el otro lado de la cuestión, se explicó en el Capítulo 2 que una persona posee lo que él /ella crea y en el Capítulo 3 que el ser dueño o poseer algo transfiere un derecho a la seguridad de la propiedad personal. Por lo tanto, si una persona es dueña de algo, tiene el derecho a poseerlo y controlarlo. Este argumento favorece la propuesta de que el derecho de controlar algo es creado por la propiedad, no por necesidad.

Con la idea de que la necesidad crea un derecho estando en la categoría de las teorías opcionales de la situación humana, entonces cualquier reclamo por los derechos fundamentales que se basan exclusivamente en esa noción son falsos.

Todas las Personas son Iguales

"Todas las personas son iguales" es el grito de los liberales en el Mundo Occidental, pero también es una causa principal de las nociones erróneas de lo que realmente son los derechos humanos. El problema no es que esta afirmación está mal en sí, sino que puede tener muchas interpretaciones y algunas de ellas son equivocadas. La declaración puede conducir a inferencias que todas las culturas son iguales, que todas las religiones son iguales, que todas las orientaciones sexuales son iguales, o peor, que todas las personas son igualmente merecedoras. Desde varias perspectivas, estas inferencias no son verdaderas. La que nos importa aquí es la perspectiva de los derechos humanos naturales. Las culturas y religiones que no reconocen la igualdad de género (como seres humano) y/o practican rutinariamente el adoctrinamiento de los niños están bien establecidas en este planeta. Las culturas y religiones merecen ser clasificadas según sus antecedentes en respetar la posesión de los derechos fundamentales de todas las personas, sin importar el género, religión, edad, raza y otros factores externos.

Las orientaciones sexuales no son equivalentes en cuanto a la procreación y no concuerdan de forma igualitaria con el diseño obvio de la naturaleza. Esto no quiere decir que personas de diversas orientaciones sexuales tienen diferentes derechos fundamentales, porque estos se dan por el hecho de solo ser una persona, pero que las orientaciones no son equivalentes.

Probablemente la interpretación más contradictoria y perturbadora del orden natural es que todas las personas son igualmente merecedoras. Esta interpretación ha sido adoptada por muchos gobiernos, y han procedido a dispensar la generosidad gubernamental indiscriminadamente, sin tener en cuenta lo que los individuos merecen. Al mismo tiempo, a otras personas les quitan sus riquezas, sin importar si la hayan merecido o no. Debido a que la riqueza es merecida en proporción a cuánto esfuerzo físico y mental, responsabilidad, toma de riesgos y disciplina han entrado en las tareas de producción de riqueza, entonces las personas no son igualmente merecedoras. Los gobiernos se enfocan en los resultados en una base de grupo, pero lo que las personas merecen debe medirse de forma individual y, cuando lo es, las personas no son igualmente merecedoras.

Otra interpretación de que "todas las personas son iguales" es que la discriminación contra una persona o grupo es absolutamente mala. Se trata de una distorsión del verdadero principio de que todos los seres humanos, independientemente de cualquier rasgo distintivo, tienen los mismos derechos humanos fundamentales. Existe una diferencia importante. El verdadero principio significa que la discriminación sólo es mala si a una persona se le niega algo a lo que tienen derecho por sus verdaderos derechos humanos. Por lo tanto, si son víctimas de discriminación en la búsqueda de un lugar para alquilar o un trabajo o al emigrar a otro país, estos no son casos de discriminación ilegal. Las personas no tienen un derecho humano fundamental a tomar residencia en el edificio de alguien, ni de trabajar en el negocio de alguna persona, ni de tomar residencia en otro país. Por lo contrario, los propietarios de estas instalaciones y países tienen derecho a controlarlos como quieran, dentro de los límites que no pueden transgredir los derechos de los demás y acatar las leyes y contratos. En general, porque las personas poseen sus cuerpos y mentes, pueden elegir con quien andar. Pueden aplicar sus preferencias, cualesquiera que sean. Esta libertad rige particularmente en los lugares que poseen porque la propiedad le da el derecho exclusivo a controlar, incluso contra los deseos de otra persona o grupo.

El Precedente Establece un Derecho

Cuando una persona ha estado recibiendo un beneficio al que se ha acostumbrado, puede llegar a sentir que es un derecho. Esta es básicamente una posición desinformada sobre los derechos humanos que convierte una expectativa en un derecho. Como se muestra en los Capítulos 2 y 3, un derecho está basado en algo que una persona posee o sea propietaria de una parte del mismo. Por lo tanto, una reclamación basada en un precedente solamente no es válido. Por ejemplo, considere una mujer que ha estado empleada por otra persona o empresa durante mucho tiempo que ya ella ha ajustado su vida a los ingresos. La terminación de esta relación laboral puede ser vista como la terminación de un derecho, pero esto no es así porque el derecho es con los dueños de la empresa, que pueden manejar el negocio como les convenga y por lo tanto pueden terminar una relación laboral que ya no sea conveniente. Un ejemplo donde la expectativa *es* acompañada de un derecho es en materia de los pagos regulares de alquiler. Un arrendatario que deja de efectuar dichos pagos ofenderá el derecho del propietario, esa persona teniendo el derecho, así como la expectativa de pago. Si el inquilino se había acostumbrado a un garaje gratuito que no estaba incluido en la renta, entonces la solicitud de nuevos pagos de alquiler para ello no violaría ningún derecho suyo. Tan cómoda como puede volverse cualquier situación para una persona, no existe ningún derecho asociada a ella a menos que esté basada en algo que esa persona posee o que sea un derecho por contrato. Un derecho basado en sólo el deseo de que continúe una situación beneficiosa, es falso.

Declaración Universal de los Derechos Humanos de la ONU

Esta Declaración Universal de los Derechos Humanos, aprobada por la Asamblea General de las Naciones Unidas en diciembre de 1948, fue el desarrollo más importante en el reconocimiento de los derechos humanos en el siglo pasado. De la misma se desarrolló una conciencia más profunda que nunca de que toda persona tiene derechos fundamentales. Esto le ha dado motivo a muchas organizaciones humanitarias, tanto dentro de la ONU como fuera de ella. También ha inspirado movimientos nacionales sustituir gobiernos corruptos o ineficaces más responsable. Al mismo tiempo, sin embargo, la *Declaración* difundió desinformación sobre los derechos humanos porque tenía graves fallos en su enfoque y contenido.

Para empezar, no está completamente a la altura de su título. La señal reveladora está en el preámbulo, "... que gozarán de libertad... de... deseos" y "... los pueblos de las Naciones Unidas...se han declarado resueltos a promover el progreso social y a elevar el nivel de vida...". Claramente, el idealismo social se ha insertado en lo que se supone que es el tema de los derechos humanos universales. Como se analizó anteriormente, hay una gran variedad de modelos para una sociedad ideal y cada persona tiene el derecho de elegir su preferido. Por lo tanto, una declaración de los derechos humanos que se base en un modelo en particular no será universal. De hecho, la declaración del sujeto es un gran fracaso en la no identificación de la fuente adecuada de los derechos humanos fundamentales, que es el estatus natural de cada ser humano entre todos los demás de su especie. Este reconocimiento implica el absolutismo de estos derechos, que trasciende todas las organizaciones, incluyendo los gobiernos. Lamentablemente, la redacción de la *Declaración* sugiere que el gobierno es la fuente de los derechos humanos, una noción que es incompatible con el concepto de derechos *a priori*, que son universales.

Al examinar los artículos de la *Declaración*, se revela la presencia del idealismo social en los artículos 22 a 29, que causa que la mayoría de ellos sean falsos o errados. Estos artículos, tomados de la Declaración, se presentan a continuación.

Artículo 22

Toda persona, como miembro de la sociedad, tiene derecho a la seguridad social, y a obtener, mediante el esfuerzo nacional y la cooperación internacional, habida cuenta de la organización y los recursos de cada Estado, la satisfacción de los derechos económicos, sociales y culturales, indispensables a su dignidad y al libre desarrollo de su personalidad.

Artículo 23

(1) Toda persona tiene derecho al trabajo, a la libre elección de su trabajo, a condiciones equitativas y satisfactorias de trabajo y a la protección contra el desempleo.
(2) Toda persona tiene derecho, sin discriminación alguna, a igual salario por trabajo igual.
(3) Toda persona que trabaja tiene derecho a una remuneración equitativa y satisfactoria, que le asegure, así como a su familia, una existencia

conforme a la dignidad humana y que será completada, en caso necesario, por cualesquiera otros medios de protección social.

(4)Toda persona tiene derecho a fundar sindicatos y a sindicarse para la defensa de sus intereses.

Artículo 24

Toda persona tiene derecho al descanso, al disfrute del tiempo libre, a una limitación razonable de la duración del trabajo y a vacaciones periódicas pagadas.

Artículo 25

(1) Toda persona tiene derecho a un nivel de vida adecuado que le asegure, así como a su familia, la salud y el bienestar, y en especial la alimentación, el vestido, la vivienda, la asistencia médica y los servicios sociales necesarios; tiene asimismo derecho a los seguros en caso de desempleo, enfermedad, invalidez, viudez, vejez u otros casos de pérdida de sus medios de subsistencia por circunstancias independientes de su voluntad.

(2) La maternidad y la infancia tienen derecho a cuidados y asistencia especiales. Todos los niños, nacidos de matrimonio o fuera de

matrimonio, tienen derecho a igual protección social.

Artículo 26

(1) Toda persona tiene derecho a la educación. La educación debe ser gratuita, al menos en lo concerniente a la instrucción elemental y fundamental. La instrucción elemental será obligatoria. La instrucción técnica y profesional habrá de ser generalizada; el acceso a los estudios superiores será igual para todos, en función de los méritos respectivos.

(2) La educación tendrá por objeto el pleno desarrollo de la personalidad humana y el fortalecimiento del respeto a los derechos humanos y a las libertades fundamentales; favorecerá la comprensión, la tolerancia y la amistad entre todas las naciones y todos los grupos étnicos o religiosos, y promoverá el desarrollo de las actividades de las Naciones Unidas para el mantenimiento de la paz.

(3) Los padres tendrán derecho preferente a escoger el tipo de educación que habrá de darse a sus hijos.

Artículo 27

(1)   Toda persona tiene derecho a tomar parte libremente en la vida cultural de la comunidad, a gozar de las artes y a participar en el progreso científico y en los beneficios que de él resulten.
(2)   Toda persona tiene derecho a la protección de los intereses morales y materiales que le correspondan por razón de las producciones científicas, literarias o artísticas de que sea autora.

Artículo 28
Toda persona tiene derecho a que se establezca un orden social e internacional en el que los derechos y libertades proclamados en esta Declaración se hagan plenamente efectivos.

Artículo 29
(1)   Toda persona tiene deberes respecto a la comunidad, puesto que sólo en ella puede desarrollar libre y plenamente su personalidad.
(2)   En el ejercicio de sus derechos y en el disfrute de sus libertades, toda persona estará solamente sujeta a las limitaciones establecidas por la ley con el único fin de asegurar el reconocimiento y el respeto de los derechos y libertades de los demás, y de satisfacer las justas

exigencias de la moral, del orden público y del bienestar general en una sociedad democrática.
(3) Estos derechos y libertades no podrán, en ningún caso, ser ejercidos en oposición a los propósitos y principios de las Naciones Unidas.

Artículo 30
Nada en esta Declaración podrá interpretarse en el sentido de que confiere derecho alguno al Estado, a un grupo o a una persona, para emprender y desarrollar actividades o realizar actos tendientes a la supresión de cualquiera de los derechos y libertades proclamados en esta Declaración.

Los autores del Artículo 22 al parecer asumen que cada persona es un miembro de un club llamado "sociedad" y como miembro tiene ciertos derechos, que se especifican. Se trata de un concepto de la situación básica de una persona que entra en el mundo y un concepto elegido de cuáles derechos acompañan a esa persona. Un verdadero derecho fundamental es que cualquier persona posee su mente y se puede considerar a sí misma como independiente a este concepto de una sociedad que lo rodea. Además, los derechos universales no están inventados como parte de un diseño social pero son descubiertos en el aparente diseño de la Naturaleza y por lo tanto aplican a todos.

En el artículo 23 (1), el derecho al trabajo fue dado antes como un ejemplo de un reclamo vacío, siendo totalmente vago en cuanto a quién está dirigida esta afirmación y cuáles son sus obligaciones. El derecho a la protección contra el desempleo se remonta a un derecho creado por una necesidad. Como se discutió anteriormente, este fundamento no es válido. La parte (2) no es correcta en como se indica. Sin embargo, el pago por trabajo debe ser la compra del patrimonio del creador (entre otras cosas) y este pago debe basarse en el valor del producto final. Si el cambio incremental en el producto es el mismo, entonces el pago debe ser el mismo, independientemente de quién lo hizo. La parte (3) es falsa porque trata de darle una responsabilidad al empleador de proporcionar un nivel mínimo de vida para la familia de un empleado. Esto es un intento de controlar la propiedad que posee el empleador y esto viola su derecho de propiedad. Por la misma razón, otras personas no son responsables de la subsistencia del empleado sujeto, como se implica en la declaración, "... completada, en caso necesario, por cualesquiera otros medios de protección social". En estas dos últimas palabras, el contexto de esta afirmación es aparente, es decir, una supuesta obligación por todo el mundo a un concepto social.

El Artículo 24 no especifica un derecho que va con ser una persona, sino más bien, una meta para una sociedad ideal.

El Artículo 25 es falso por la misma razón que lo es el Artículo 22. El Artículo 26 (1) es falso porque la educación no es un derecho fundamental. Sin duda, este derecho fue inventado por la razón que todo el mundo necesita una educación para ser capaces de operar y tener oportunidades en el mundo moderno. Sin embargo, es necesario no engendrar un derecho, como se mostró anteriormente.

El Artículo 26 (2) intenta darle sentido a un sistema de educación. Como tal no pertenece en una declaración de los derechos humanos fundamentales. En el artículo 26 (3), se requiere una condición importante--que los niños no sean sometidos al adoctrinamiento. Eso violaría la propiedad de sus mentes.

El Artículo 27 (1) está errando al hablar de la participación en el progreso científico y sus beneficios. Obviamente, esta es una meta en la visión de alguien de una sociedad ideal, más que un derecho humano fundamental. El Artículo 27 (2) subestima el requerimiento que todas las producciones deben protegerse.

El Artículo 28 elige mal las últimas palabras. Los derechos fundamentales deben ser "reconocidos" porque existen, y son reconocidos o no por el orden social e internacional.

El Artículo 29 (1) es falso. De nuevo, presupone la membresía a un club llamado "sociedad". En verdad, una persona se posee a sí mismo y puede vivir como un ermitaño y gritar obscenidades al mundo si él o ella lo decide. El Artículo 29 (2) presupone una sociedad organizada, en cuyo contexto los derechos humanos encuentran validez y propósito. Esta idea va en contra del verdadero fundamento de los derechos humanos, que es que ciertos derechos vienen con la persona y luego se aplican cuando tan solo dos personas se encuentran, independientemente de cualquier sociedad.

¿El Artículo 30 reclama la exención de la crítica?

Tomaría mucho más espacio terminar criticando la redacción de este documento de la ONU y también eso también puede tomar demasiado de ella como una importante contribución a la lucha para lograr el conocimiento y el respeto de los derechos humanos fundamentales. Sin embargo, debe decirse que como un documento de referencia en esta lucha, es engañoso.

CAPÍTULO 5: IMPLEMENTACIÓN

Derechos a ser Implementados

Hasta este punto hemos cubierto una historia breve de la conciencia de los derechos humanos y el análisis de las perspectivas de los derechos fundamentales, seguido de una teoría integral de los derechos humanos. A continuación, se abordan las nociones incorrectas más comunes de los derechos fundamentales que han generado confusión y malentendidos. Ahora llevar esto desde lo teórico a lo práctico requiere que se describa algún plan rudimentario para la implementación, al menos en sus requerimientos más importantes. Desde allí, las personas capacitadas pueden desarrollar los detalles necesarios de derecho, estructura y procedimiento. El primer paso es resumir los derechos humanos a ser implementados. Estos son los siguientes.

Derechos Humanos Naturales

Cada persona, sin importar su edad o género, se posee a sí mismo, su cuerpo y mente.
Una persona posee lo que él o ella crea, lo que fue creado por otros y obtenido por comercio, en particular por medio de dinero, lo que le

fue dado y lo que se encontró que fue hecho por el hombre y no se puede ubicar o saber quién fue su dueño.

Lo que fue provisto por la Naturaleza/Dios pertenece de forma igualitaria a todos.

La propiedad de los animales se basa en un acuerdo con la comunidad por la cual un individuo o grupo tiene una propiedad efectiva siempre que el dueño se haga responsable de ellos.

Estos derechos básicos y naturales dan lugar a los siguientes derechos prácticos, que son resumidos de la discusión en el Capítulo 3.

1. El derecho a la seguridad personal y la inviolabilidad.
2. La libertad de conciencia, dándole a cada persona el derecho a elegir entre todas las hipótesis nuevas o dadas sobre la religión, filosofía, teorías sociales, disposiciones políticas, etc.
3. El derecho a asociarse con otros y elegir los socios.
4. El derecho de propiedad sobre lo que se crea, sin importar cuán grande o pequeño, ya sea en servicio a sí mismo o a otra persona.
5. El derecho a la seguridad de la propiedad personal.
6. Los derechos de grupo que son el conjunto de los derechos de los miembros, no menos y no más.

7. El derecho de todos los residentes permanentes de un país a una parte igualitaria de la tierra, medida por el valor del mercado.
8. El derecho de toda persona en un país a una indemnización por la explotación de los recursos naturales.

La implementación de los derechos antes mencionados en cualquier nación requiere acción en cinco áreas clave de control e influencia. Estas son:
- o Constitución política
- o Legislación
- o Dominios alternativos
- o Operaciones Comerciales
- o Educación

Constitución Política

El texto constitucional o, si no lo hay, el mejor documento sustituto debe incorporar los siguientes aspectos.
1. Darle la responsabilidad final de la protección de los derechos humanos fundamentales al más alto nivel del gobierno.
2. Afirmar la supremacía de los derechos humanos fundamentales en todas las

legislaciones y en todos los tipos de interacciones humana.

3. Afirmar que las fronteras nacionales son inviolables, que ningún extranjero tiene el derecho a entrar o instalarse en el país sin el permiso expreso del gobierno nacional. El gobierno actuará como el agente de ciudadanía en el otorgamiento de tales permisos conforme a las preferencias de la mayoría de la población.
4. Afirmar la libertad para que todos los residentes se desplacen, trabajen y residan en cualquier parte del país que elijan.
5. Declarar que todo lo que la Naturaleza ha provisto, incluyendo la tierra, las aguas naturales, la costa y todos los recursos naturales, son propiedad colectiva de todos los ciudadanos del país y nombrar al gobierno como la autoridad responsable de su cuidado, mantenimiento y gestión en beneficio de las generaciones presentes y futuras.
6. Declarar que cualquier residente puede hacer un contrato para el uso exclusivo de una parte de la naturaleza, siempre y cuando la comunidad afectada esté de acuerdo y sea compensada sobre una base anual por la pérdida de uso. El gobierno asignará esta compensación a todos los ciudadanos de todas las edades de forma igualitaria. Además, la

comunidad, a través de su gobierno, puede imponer condiciones a este tipo de acuerdos. En ningún caso dichos contratos serán perpetuos, ni obligarán a las generaciones futuras sin razón.
7. Declarar que los que extraen recursos de la naturaleza deben comprarlos de los dueños colectivos y estos pagos deben ser para el gobierno nacional o delegado. El documento debe especificar la división de dichos ingresos entre los gobiernos nacionales y filiales.
8. Afirmar que todas las cosas hechas por el hombre tienen propiedad intrínseca que se origina con los creadores y que el gobierno reconocerá la propiedad de lo que es legítimamente adquirido y respetar los derechos que van con ello y garantizar la seguridad de dichos bienes.
9. Prohibir la imposición arbitraria por parte de cualquier gobierno y requerir que lo que sea debido por cada persona o residencia, según sea el caso, se calcule sobre la base de los servicios prestados por el gobierno o justificar otros cargos.
10. Permitir una reclamación por un gobierno de un porcentaje de ganancias por negocios e individuos debido a la provisión del gobierno de un entorno seguro y previsible para la realización de negocios y proyectos, por la

provisión de un sistema fiable de comercio y por otros apoyos a la operación comercial, por ejemplo, un sistema de transporte.

11. Permitir construcciones políticas alternativas donde algunos derechos de propiedad pueden ser entregados al gobierno. Tales jurisdicciones deben declarar por carta los compromisos requeridos sobre los derechos de propiedad y deben incluir las siguientes disposiciones.

    a) Se respetará el derecho de los niños a la propiedad de sus cuerpos y sus mentes y no se tolerará el abuso de cualquiera de ellos. La educación será libre de sesgo hacia las creencias opcionales en la religión o ideología política, salvo la teoría de los derechos presentados aquí.

    b) Todos los miembros de la jurisdicción deben ser voluntarios y libres para irse cuando lo deseen excepto cuando estén bajo compromisos formales tales como servicio de jurado, o estén siendo buscados por romper la ley.

    c) La propiedad colectiva de lo que la naturaleza ha provisto y la distribución de los ingresos procedentes de eso deben ser incorporados en los estatutos y en el funcionamiento de la jurisdicción.

Este último punto, #11, del texto constitucional permite la realidad de las sociedades ideales dentro del marco nacional de derechos humanos. Tales sociedades pueden basarse en la ideología sociopolítica o prescripción religiosa. Es vital, sin embargo, que ninguna persona se encuentre a sí misma atrapada dentro de una sociedad desagradable. Por lo tanto, el reclutamiento a tal sociedad debe ser voluntario, y la libertad de irse, incluso para los niños que han alcanzado madurez, debe estar implícito en sus estatutos.

Legislación

Las leyes de la tierra regulan las actividades de la población a los efectos del orden y la definición y protección de los derechos legales.

Para cambiar a un sistema político y económico totalmente basado en los derechos humanos, por lo menos lo siguiente debe ser añadido al cuerpo existente de la legislación y las legislaciones opuestas deben ser revocadas o corregidas.

1. Debe crear un sistema de arrendamiento de tierras con la ciudadanía como propietaria. El sistema cobraría un alquiler periódico basado

en la demanda del mercado de tierras en el área y especificar términos que tengan en cuenta la voluntad de la comunidad con respecto a la reserva de otros usos de la tierra, derecho de familiares a opciones sobre el arrendamiento de la tierra si el arrendatario principal muere, duración del arrendamiento y otras disposiciones. Debe especificar un procedimiento para la revocación de la concesión y de la indemnización al arrendatario por sus mejoras en el precio del mercado.
2. Debe especificar directrices para todos los gobiernos en la determinación de los cargos a individuos, empresas y otras organizaciones. Obligar a los gobiernos a hacer cálculos detallados de dinero adeudado por cada individuo, negocio, etc., por los servicios prestados a ellos por el gobierno. Esto se realizaría de forma individual, no sobre una base promedio, tal como un negocio haría una factura por los servicios proporcionados. Las directrices especificarían ese impuesto sobre consumibles, productos de tabaco y bebidas alcohólicas, tales como para cubrir los costos a los gobiernos atribuibles a estos productos. El costo de las instalaciones y servicios provistos por el gobierno deben ser pagados por el usuario excepto que en alguna

proporción se puedan atribuir a la población en general, por ejemplo, el sistema vial. En la medida que se beneficie todo el mundo, el costo podría cargarse a todo el mundo. Con cada proyecto cívico, por ejemplo, el gobierno involucrado debe prorratear el beneficio, y por lo tanto el costo, entre los usuarios reales y la comunidad en general que recibe el beneficio de tener la instalación para su propio uso, el uso de sus hijos o el uso de sus visitantes, así como el valor comercial a la comunidad de una mayor reputación derivada por tener las instalaciones. En principio, el costo de un proyecto o servicio de gobierno debe atribuírselo a aquellos que se benefician en la proporción estimada para su beneficio. De lo contrario, algunos de los cargos a un individuo, negocio, etc., serían arbitrarios, contraviniendo el texto constitucional.

3. El problema de asegurar que los servicios esenciales sean proporcionados, tales como la atención médica, el suministro de agua, la electricidad, servicios determinados de transporte y así sucesivamente, es difícil para todos los gobiernos. Mientras que las necesidades urgentes de muchas personas parecen obligar al gobierno a la acción, debe respetarse el derecho de aquellos que son

capaces de proporcionar esos servicios, a sus propias mentes y cuerpos, en un sistema de gobierno basado en los derechos humanos. Por lo tanto, estas personas no deben obligarse a prestar sus servicios más allá de los compromisos que ya tienen. Es decir, el personal de servicio no son como las personas militares que puede ser ordenadas sin límite. Por lo contrario, el gobierno debe establecer la prestación de servicios esenciales al obtener compromisos apropiados, incluyendo, cuando corresponda, un compromiso a mantenerlos a pesar de eventos perjudiciales. La legislación, al establecer el marco general para el personal de servicios esenciales, incluyendo la contratación de servicios, estandarizaría el proceso e incorporaría la protección de los derechos fundamentales de todos los interesados.

4. Los Contratos de Trabajo y Leyes Laborales - Mediante la legislación, el gobierno nacional debe requerir que todos los acuerdos entre un empleador y el empleado para continuar el empleo sean registrados y especifiquen la información mínima que debe entrar en el acuerdo. Una forma recomendada sería un recurso útil. Este requisito es similar en su sentido a la exigencia de que los acuerdos entre las personas involucradas en un

intercambio de bienes o servicios para una consideración importante sean registradas para que puedan ser apoyados por el gobierno correspondiente si el acuerdo se rompe. Además de la información fundamental como las identidades, las horas de trabajo, la duración de los descansos de trabajo, períodos de vacaciones, etc., el acuerdo debería exigir el desglose de los salarios en tres categorías: afiliación, producción y responsabilidad. La legislación debe incluir las siguientes definiciones.

Afiliación

> Compensación por los restantes disponibles durante horarios específicos de la semana, mantener la confidencialidad del empleador y defender el buen nombre y reputación del empleador.

Una cantidad por semana independientemente de la ausencia del trabajo con licencia justificada

Producción

Compensación por contrato para la función laboral, donde el acuerdo especifique la figura de pago por cada unidad de producción creada por el trabajador

Proporcional a la cantidad de producción

<u>Responsabilidad</u>

Indemnización al responsabilizarse por errores u omisiones y posiblemente por la cantidad y calidad de los resultados

Sobre la base de tiempo en el lugar de trabajo si esta responsabilidad no recae cuando está en casa

A tiempo completo si el trabajador tiene la responsabilidad incluso cuando está en casa

El contrato de trabajo debe manifestar la función laboral inicial y facilitar el acuerdo sobre pago de producción, así como los pagos por afiliación y responsabilidad. Mientras cambien las funciones laborales, se deben agregar enmiendas al acuerdo.

Las leyes existentes en muchos países deberían revisarse para cancelar el pago obligatorio de los empleadores de seguros y planes de pensiones de empleados donde estos estén basados en los deseos de los empleados, y no en sus derechos. Solo donde el empleador también se beneficiará de un plan de seguro del empleado debería el empleador estar obligado a pagar una parte de la prima. Sin embargo, la legislación no debería prohibirle a las empresas ofrecer pagar los seguros o planes de pensiones, etc., si así lo desean.

5. Patentes y Propiedad Intelectual - La legislación debe indicar que en el caso de una patente para una invención por un empleado, relacionadas con las operaciones de la empresa, los derechos devengarán igualmente a cada parte, a menos que se dicte de otra forma por una corte civil. En otras áreas de la propiedad intelectual, la legislación que existe en muchos países democráticos para la protección de dichos bienes debe copiarse en todos los países que desean convertirse a un sistema basado en los derechos humanos. Si es necesario, dicha legislación debe modificarse para asegurarse de que la propiedad de las invenciones y derechos de autor deberán acumularse a la gente que los creó.

Dominios Alternativos

El Artículo #11 de la constitución política presentada anteriormente es mejor comprendida al visualizar una organización radicalmente diferente de una comunidad de la forma estricta de los derechos humanos que ha sido implicada en este punto. Un buen ejemplo sería un monasterio. Su función más destacada, desde el punto de vista de los derechos humanos, es la cesión de los derechos por los miembros de la comunidad. Renunciar a su derecho de propiedad de las cosas y, en gran medida, propiedad de sus propias mentes. Esto es reconciliado con los derechos humanos, sin embargo, ya que la membresía es voluntaria. Normalmente, los miembros también son libres de irse, aunque pueden ser obligados a cumplir con un compromiso de tiempo. Estos aspectos demuestran un principio vital en relación con las sociedades que requieren una entrega de los derechos humanos fundamentales. Todos los miembros deben haber elegido el camino y pueden optar también por irse. Hay otros tipos de sociedades religiosas, la mayoría consisten en una prescripción religiosa impuesta a personas que viven en casas y trabajan en empresas. Si tales sociedades deben respetar los derechos fundamentales, entonces las prescripciones religiosas no se impondrán a nadie, ni serán la base de la ley que se aplica a todo el mundo. Además, cualquier persona debe ser libre para irse.

Más importantes en la mayor parte del mundo son las jurisdicciones políticas que se suscriben a algún tipo de ideología socialista. Estas ideologías se basan en el concepto de que una población constituye una sociedad de individuos interdependientes con el gobierno tratando de optimizar el funcionamiento de esta sociedad en su conjunto. Por lo general, el gobierno, por ejemplo, tomará las riquezas de donde existen y la distribuirán donde no lo hacen, sin tener en cuenta el derecho de propiedad. Puede dictar las condiciones de operación en negocios privados, o asumir el control de un negocio enteramente (socialismo radical). Tales constructos políticos son condenables si deliberadamente ignoran los derechos fundamentales.

Para permitirle a la gente establecer tales sociedades alternativas, mientras protegen a las personas de ser capturadas por ellas, el gobierno nacional debe legislar un marco para construirlas. Las normas y directrices deben asegurar que las personas no sean forzadas o coaccionadas a convertirse en miembros.

También deben proteger las mentes de los niños de ser capturadas por aquellos que tienen diseños en ellos. Los niños deberían tener una educación, no un adoctrinamiento. La legislación local no debe ser capaz de controlar los intereses nacionales, tales como la defensa nacional, inmigración, etc. La legislación debe hacer que establecer dominios alternativos en el país sea práctico como seguimiento a la promesa constitucional de permitir constructos políticos que están basado en la entrega parcial de los derechos de propiedad sobre las cosas hechas por el hombre.

Operación Comercial

Un paso esencial en el restablecimiento de la operación comercial a una base de los derechos humanos es reconocer que los empresarios tengan el derecho a controlar el negocio como ellos lo deseen. Las principales limitaciones son el reconocimiento de la propiedad común de lo que la naturaleza ha provisto y los derechos humanos fundamentales de todas las personas. Estos implican reglas y normas que son establecidas por la ciudadanía (a través del gobierno) para administrar el medio ambiente y proteger los derechos de los trabajadores y otros residentes. La libertad de la gestión empresarial cubre la contratación, empleo, ventas y otros contratos con socios de su elección, sin los dictados de los gobiernos o terceros en estas cuestiones. El derecho de propiedad es tan absoluto como lo es para otras cosas que podrían ser poseídas, por ejemplo, una casa, ropa, automóvil. En el caso de capital común, la única forma práctica de ejercer el control de la empresa es a través de la votación, pero el peso de cada voto será proporcional a la cantidad de capital. Los terceros no tienen derecho de controlar el negocio a menos que puedan mostrar patrimonio neto en el negocio. La regulación o intervención gubernamental puede ser justificado con las razones de proteger los derechos humanos, recoger dinero adeudado o tener el propósito de la seguridad; de lo contrario, puede implicar una violación de los derechos humanos fundamentales del propietario.

Otro paso esencial es el reconocimiento por la gestión de la propiedad de las cosas creadas en el negocio por la persona o personas que las crearon. Como se discutió anteriormente (Legislación #4), esto afirmaría un acuerdo de compensación para la función laboral u operación de producción particular. Sobre una base de semana por semana, las cosas creadas en el negocio, ya sea tangibles o intangibles pertenecerían a los empleados y el empresario tendría que comprar la participación antes de vender la propiedad total a un cliente. Un sistema de indemnización a un empleado fue sugerido anteriormente (Legislación #4), y desglosó la indemnización en tres partes. La parte de pago de producción variará según la cantidad de producción, sin importar si se trate de una creación tangible, como la modificación de una parte, o una creación intangible, como buena voluntad creada por un empleado de servicio. Muchos puestos de trabajo tienen varias facetas para la creación y cada uno tendría su valor basado en el precio del producto final. Estos valores estimados serían la base para el pago de la producción para el empleado.

Ampliando lo que fue mencionado anteriormente (Legislación #4), los negocios no deben ser obligados por los gobiernos a pagar por parte de los planes de pensión o seguro de los empleados a menos que se pueda argumentar que el empleador se beneficia a un grado proporcional. De lo contrario, esto es una forma de robo, es decir, la parte empresarial se ve obligada a pagar mientras aparentemente no obtiene nada a cambio. Donde el negocio puede beneficiarse de un plan de seguros, por ejemplo, un plan médico, puede estar bajo una obligación moral o ética a contribuir con una porción acorde con el grado en que la empresa se beneficie por él. El plan probablemente devuelve al empleado a su trabajo tan pronto como sea posible después de una enfermedad o lesión y la empresa se beneficia por esto. También de la Legislación #4, las reglas no deben impedir que una empresa se ofrezca a pagar parte de un plan de pensión o de seguro mientras intenta reclutar o mantener a personas valiosas.

Un tercer paso esencial es que el negocio reconozca una participación imputada de contribuciones del gobierno a las condiciones bajo las cuales el negocio es capaz de operar de una manera sostenible. En particular, el gobierno proporciona un sistema estable y sin problemas de funcionamiento de la moneda y juega un papel fundamental en establecer las tasas de interés y presionarlos. Mantiene una seguridad general en el país para fomentar esto. Además, el gobierno mantiene una seguridad física que protege a los clientes, empleados y negocios. Puede tomar un papel activo en las relaciones internacionales que tienen consecuencias comerciales favorables. Estas medidas conllevarán un costo al gobierno y se pagan con los ingresos que de lo contrario serán asignados a todos los ciudadanos en igualdad de condiciones. El desvío de estos fondos en los gastos indicados anteriormente, por lo tanto, se considerarán una inversión por los ciudadanos de la nación en las empresas del país. No sería justo, por lo tanto, si el gobierno y ciudadanos no recibieran parte de las ganancias del negocio. Debido a que la parte del gobierno en las ganancias de cualquier negocio puede estimarse, y esto dependerá del tipo de negocio, el gobierno puede hacer un reclamo genuino para una participación en los beneficios. Este mecanismo debe substituir el impuesto sobre la renta en las empresas porque en ese sistema no hay forma de averiguar dónde terminan los beneficios obtenidos del gobierno y donde comienza la confiscación de la riqueza. Tenga en cuenta que el gobierno tiene la opción de simplemente cobrar tasas por algunos o todos los servicios que presta, en vez del capital imputado que resulta en una parte de los beneficios.

El argumento de que un gobierno está justificado en reclamar una participación en los beneficios de negocio se aplica a los individuos que son pagados como un gasto de negocio, es decir, antes de que se determina el beneficio. Estas personas han hecho un "beneficio" como un retorno de su contribución a un negocio y le deben al gobierno por permitir que eso ocurra en virtud de la contribución del gobierno. La diferencia con los sistemas comunes de impuestos sobre la renta en al menos las naciones occidentales es que tales sistemas permiten la determinación arbitraria de la cantidad de impuestos, mientras que el sistema anterior responsabiliza al gobierno de mostrar exactamente lo que se merecen en lo que es similar a una base de asociación.

Educación

Un sistema educativo que no contravenga los derechos humanos fundamentales informa y capacita a las personas, no las adoctrina. No presentará hipótesis como un hecho, ni amenazarán al estudiante de cualquier manera por no aceptar cualquier hipótesis particular. Esto aplica particularmente a las creencias religiosas e ideologías políticas. El sistema proporcionará información experta y objetiva y el análisis de éstos sin perjuicio de lo dispuesto para que el estudiante pueda hacer sus propias opciones acerca de ellos. Esto es especialmente importante para la educación de los niños. Por lo tanto, las escuelas no deben ser manejadas por denominaciones religiosas u organizaciones políticas, pero en su lugar deben ser manejadas por empresas sin prejuicios o por el gobierno. De hecho, el caso más fuerte para un sistema educativo estatal, por lo menos en una jurisdicción donde el gobierno efectivamente se dedica a la protección de los derechos fundamentales, es la protección de las mentes de los estudiantes de la manipulación. Para garantizar tal protección, la enseñanza de la religión debe consistir de conferencias introductorias sobre las religiones principales para familiarizar a los estudiantes jóvenes con las creencias esenciales de cada iglesia. Cuando los estudiantes han recibido suficiente educación y madurez para tomar una decisión informada y resistir a las presiones de los adultos, podrían elegir estudiar una religión de su elección de forma más intensiva. Sin embargo, éstas también serían sesiones educativas y la práctica actual de la religión debe dejarse fuera del aula para preservar la integridad de la escuela como un centro de aprendizaje.

Lo mismo aplicaría a las ideologías políticas. Las más importantes, tales como liberalismo, socialismo, comunismo, anarquía y así sucesivamente, deben cubrirse de manera informativa e introductoria, con estudios más intensivos para estudiantes lo suficientemente maduros.

Las leyes y normas adecuadas para garantizar la protección del derecho del pueblo a sus mentes deben ser emitidas por el gobierno nacional para su inclusión en los sistemas educativos de las jurisdicciones menores.

CAPÍTULO 6: FUERZAS OPOSITORAS

La aplicación de los derechos humanos fundamentales encuentra resistencia por ciertas fuerzas opositoras que están en su contra. Más importantes aún, como el tribalismo extremo y el juego de poder, han existido desde que la humanidad entera estaba en África. La avaricia también es endémica a la naturaleza humana y no ha tenido precedente en su alcance y permiso en el mundo moderno. Relativamente reciente en su influencia es la ambición de algunos de construir una sociedad, utilizando el poder del gobierno, para implementar una visión de un mundo ideal. Tal ambición podría llamarse idealismo social. Estos serán discutidos para explicar su conflicto con los derechos humanos.

El Juego del Poder

Algunas personas creen que el poder es lo único que realmente cuenta en los caminos del mundo. Lo ven como la causa en el proceso de causa y efecto, que es el método y la física del universo. Las metas se lograrán mediante la aplicación del poder suficiente. Cuando la actividad mundial se analiza desde esta posición, donde las personas se consideran jugadores en un juego donde cuenta el poder, donde se obtienen resultados por tener suficiente poder. Los dirigentes sindicales creen esto, así como la mayoría de los ejecutivos, estrategas políticos de trastienda, los dictadores incipientes, varios conspiradores e innumerables hombres y mujeres en las calles. En una conversación con uno de estos hombres (o mujeres) sobre tales poderes, será evidente que cree que cualquier comando o dirección dada por aquellos en el poder (autoridad) debe seguirse-- como si sería alcanzado por un rayo si se negara. Si algún principio superior, como los derechos o la justicia, se introducen en la conversación, será interpretado como para servir el objetivo o desestimado y considerado irrelevante. Este es el problema cuando se considera que el poder es lo único que importa. Las personas en control no están necesariamente en sintonía con cualidades admirables tales como el respeto a los derechos fundamentales y la justicia. En las sociedades donde el poder es lo único que importa, la población está desfavorecida por las personas poderosas que satisfacen sus propios deseos y avaricia en primer lugar. Las personas que reconocen la negligencia hacia sus derechos y prerrogativas saben que el poder no es todo lo que cuenta. Los principios correctos cuentan, las actitudes correctas cuentan y la justicia cuenta.

Sin embargo, la implementación de la teoría de los derechos humanos debe encontrar su camino en el juego de poder, y puede hacerlo. Una adecuada teoría de los derechos humanos que resuena con la percepción de la realidad de todos puede ser una causa. Si aquellos que conocen esta teoría la aceptan y resistir firmemente por sus derechos, habrá un efecto. Si la mayoría de las personas en el mundo adoptan la teoría, entonces sus números les dará poder y el efecto de la opinión pública cambiará gobiernos.

Sin embargo, mientras tanto, el juego del poder evadirá la ideología de los derechos humanos hasta que sus autores sean demasiado insistentes para ser ignorados.

Tribalismo Extremo

El tribalismo es la forma más antigua de organización social y tuvo su origen en las primeras sociedades de caza-recolección. En el mundo moderno, está todavía vivito y coleando en África, el Oriente Medio y Asia del sur. También está presente en los Balcanes de

Europa, aunque sea culturalmente incorrecto llamarlas tribus. Sin embargo, aplican las características definitorias de una "tribu": un grupo de personas sobre la base de ascendencia común u otra división natural generalmente, pero no necesariamente, llevada por un solo jefe. Los pueblos tribales son criados con la creencia de que su identidad se origina de la tribu y que nunca deben olvidar esta conexión. Siempre están atentos a las noticias sobre la tribu y absurdamente perdonan a los miembros quienes ofenden sólo a forasteros. Una religión común añade una pega que compacta aún más al grupo y ofrece más razones para desviar el cambio. Las sociedades tribales evolucionan menos que las no tribales debido a la diferencia en el ámbito de la perspectiva y libertad personal.

Sin embargo, en sí mismo, el tribalismo no es necesariamente algo malo. Ha manifestado la necesidad básica de la humanidad a unirse desde antes de que los predecesores del hombre caminaran erguidos. La afiliación tribal proporciona protección y solidaridad, un sentido de pertenencia a algo y una trascendencia sobre las tareas mundanas de la vida. Donde entra en conflicto con los derechos humanos fundamentales es cuando la identidad tribal alcanza un grado extremo de exclusividad. En tales casos, una persona que no forme parte de la tribu es considerada como no equivalente a los que sí forma parte de ella. Cuando se aprieta ese gatillo, los derechos fundamentales de la persona son devaluados en consecuencia. Los tribalistas extremos manifiestan estos sentimientos cuando sale a relucir el tema de las tribus desagradables. Pueden hablar despectivamente de ellos y ser rápidos para acusar, ridiculizar o denunciar a los miembros de esa tribu. Por otro lado, habitualmente descartan cualquier historia de delitos cometidos por los miembros de su propia tribu o los justifican de una manera no personal y de grupo a grupo. Cuando desaparece la orden civil por alguna razón, los extremistas, además de los sádicos, son liberados a las personas normales de la tribu adyacente. Generalmente, terribles atrocidades son el resultado del conflicto.

Un ejemplo reciente fue la guerra en Bosnia y Croacia, los Estados constituyentes de Yugoslavia antes de desintegrarse en 1991. Poco después, los nacionalistas serbios (tribalistas), creyeron ser inspirados por un sueño de una gran Serbia, y expandieron su territorio sacando las otras tribus (musulmanes y croatas) de la suya. En una brutal campaña, diseñada por los dirigentes serbios en Serbia y Bosnia, los musulmanes (sobre todo) fueron obligados a entregar su propiedad, y luego fueron robados y expulsados a punta de pistola. Los extremistas en las filas de las milicias serbias asesinaron, torturaron y violaron a muchos para inducir a la población no deseada a reubicarse. El proceso se denominó "limpieza étnica", pero adquirió una connotación sangrienta. Por desgracia, las víctimas también fueron radicalizadas y copiaron las tácticas crueles del atacante: los croatas al expulsar a los musulmanes de Ahmici y Stupni Do y los musulmanes al expulsar a los croatas de Uzdol y el área de Vares. Según se informó, murieron más de 200.000 personas, la mayoría por asesinato deliberado de personas desarmadas.

Peor en términos de números fue el genocidio en Ruanda en 1995. Los miembros fanáticos de la tribu Hutu se fijaron en los miembros pacíficos de la tribu Tutsi y asesinaron indiscriminadamente a hombres, mujeres y niños. También fueron asesinados miembros compasivos de la tribu Hutu que intentaron intervenir. Según los informes, murieron aproximadamente unas 800.000 personas. Escenas increíbles de personas siendo asesinadas por atacantes con machetes fueron mostradas por la televisión. Lo extremo que podía llegar a ser el odio tribal fue mostrado de forma convincente a color. Es posiblemente cierto que, de todos los casos de atrocidades y asesinato de personas indefensas, los peores son entre tribus antagónicas.

 ¿Qué se requiere para que una persona asesine a otra con un machete, o agreda a alguien a golpes hasta matarlo en frente a sus asociados (Bosnia 1993) o bombardee a una docena de personas a pedazos (Bagdad 2006)? Se requiere un odio fanático, alimentado desde la infancia, y un empujón de tribalistas extremos. Tal odio arraigado, especialmente cuando prevalece en una población, plantea un obstáculo formidable para la implementación de la nueva ética de los derechos humanos. Sin embargo, la conversión a esta ética es el antídoto más eficaz contra el veneno del antagonismo tribal. Es mejor que la precaria solución de equilibrar los poderes tribales. La persuasión que debe arraigarse es que las distinciones tribales sólo existen en la mente y que no son significativas. Es casi divertido que los visitantes a lugares como África, Irak, Bosnia o Irlanda del Norte no pueden distinguir a los miembros de una tribu de otra. Los Hutus y Tutsis en Ruanda, los sunitas y chiitas en Irak, los musulmanes, serbios y croatas en Bosnia, los católicos y protestantes en Irlanda del norte no pueden ser distinguidos. Los locales parecen estar viviendo una ilusión, después de haber perdido de vista las características comunes que clasifican a las personas como seres humanos.

Se necesita madurar para poder ver más allá de la casa de pensamiento en la que uno nació. Toma una perspectiva más amplia ver la base real para las diferencias tribales y los límites de su ámbito de aplicación. Ver el estatus de un ser humano como lo otorgó la Naturaleza, en vez del estatus conferido por el pueblo, es la clave para aceptar la idea de los derechos fundamentales y su trascendencia sobre las distinciones tribales. Estos derechos se basan en la concordancia de todas las personas, independientemente de su tribu y, si se siguen, resultarán en la seguridad y la longevidad de todas las tribus.

La Codicia y el Capitalismo

La codicia es una de esas pasiones que, como el amor y el odio, es conocida en todas las culturas alrededor del mundo. Es considerada acertadamente como reprensible porque significa alcanzar más de lo que uno se merece a expensas de que alguien obtenga menos de lo que él/ella merece. Cuando se inserta en el sistema económico capitalista, tenemos una fuerza importante contra los derechos humanos fundamentales. El derecho principal que es ignorado es el derecho del creador a lo que él o ella crea. El capitalismo sólo reconoce el capital de los inversores y suprime el patrimonio obtenido por empleados creativos. La fórmula para volverse rico en el sistema parece simple: crear una fábrica para producir bienes necesarios, comprar materias primas, contratar a trabajadores con el salario más bajo permitido, vender toda la producción en un precio que supere el costo y quedarse con la diferencia como ganancia. Los únicos que se enriquecen con este sistema son los inversionistas y aquellos ejecutivos que se aprueban los sueldos entre sí.

Los principios de derechos humanos sugieren lo siguiente. Los bienes producidos en la fábrica de las materias primas fueron creados por los trabajadores. La diferencia de valor entre las materias primas y los productos terminados pertenece a los trabajadores, debiéndole a la empresa por las instalaciones, herramientas, entrenamiento y dirección. Antes de que la empresa pueda vender los productos, debe comprar esta participación de los trabajadores. Lógicamente, el valor de este capital se basará en el valor del producto terminado. En el sistema capitalista, no existe tal requisito.

Otro problema con el sistema actual de producción es que normalmente no distingue la variedad en la producción creativa de los empleados. Si cada individuo es dueño de lo que él o ella crea, el pago debe ser proporcional a la cantidad creada. Aunque dicha variación existe incluso en entornos de fábrica, es especialmente frecuente en los ambientes de trabajo intelectual, donde la producción creativa de los individuos puede variar en un orden de magnitud. Sólo en el nivel superior de las empresas capitalistas son esas diferencias normalmente y correctamente tomadas en cuenta.

La más flagrante transgresión del derecho natural de un creador es la práctica de muchas empresas a reclamar la propiedad plena de las invenciones de los empleados. Sin embargo, ninguna cantidad de instalaciones de la empresa, procedimientos, conocimientos documentos o tiempo automáticamente crearán algo nuevo. Toma una mente humana hacer eso, y esa es propiedad del empleado.

Idealismo Social

El idealismo social es la conceptualización de un sistema político y económico ideal que no acepta la disparidad resultante de la riqueza privada. Los que sueñan estas cosas casi siempre conciben a la población como una entidad, generalmente llamada "Sociedad". Luego su misión es diseñar esta sociedad de tal manera que los más graves problemas de desigualdad económica sean erradicados. Esto normalmente implica el control de las personas y sus bienes para implementar el diseño porque esta libertad es necesaria para emparejar efectivamente los recursos a los planes.

Hay varias cosas que están mal en este modo de tratar con la población. En primer lugar, diferentes personas tienen diferentes ideas de lo que constituye una sociedad ideal y por lo tanto cualquier ideología particular puede producir un número significativo de personas descontentas. Las ideas más populares serán las que beneficien a la mayoría, aún a costa de una minoría. En segundo lugar, implementar cualquier plan para una sociedad ideal requiere cumplimiento por parte de todos los miembros de la población, generalmente por la ley, no dejando alternativa a quien no está contento con la ideología. La oportunidad de controlar todos los recursos, independientemente de la propiedad, es irresistible. En la práctica, los idealistas creen que tienen el derecho a transferir la riqueza de donde existe a donde no existe, independientemente de su titularidad. También creen que tienen el derecho a eliminar ciertos derechos de propiedad para lograr la sociedad ideal. Por ejemplo, pueden imponerle a las empresas la obligación de proporcionar un medio de vida para sus empleados. Es decir, los recursos de una operación comercial son utilizados por el gobierno a la fuerza para alcanzar un objetivo social. Para asegurar que este objetivo incluye a todo el mundo, los idealistas del gobierno pueden pasar leyes contra la discriminación que infrinjan el derecho del propietario de un negocio a decidir a quién contratará, a pesar de que esto se trata de un derecho fundamental. Los idealistas asumen que esta manipulación y otras son parte de las prerrogativas que pueden ser ejercidas por los gobiernos.

La implementación de verdaderos derechos humanos impediría que de los idealistas jueguen con los activos de las otras personas. Las empresas estarían ahí para ser utilizadas por personas para subsistir, pero la responsabilidad de ello residiría con el individuo o su familia. Las personas tendrían la primera responsabilidad de resolver sus propios problemas, y no se le permitiría a los programas sociales adquirir fondos robándoles a algunas personas a través del sistema de tributación. Los ingresos del gobierno para programas sociales vendrían de beneficios a través de sus iniciativas, como se explica en El Papel del Gobierno en el Capítulo 3. De lo contrario, los gobiernos no estarían autorizados a gravar arbitrariamente.

El límite de financiación impactaría seriamente a los idealistas en los gobiernos, particularmente en los partidos políticos que se basan en el idealismo social. Se puede esperar que luchen contra la implementación de los verdaderos derechos humanos con toda su energía y extensos recursos. Estos incluyen, en la mayoría de los países, un medio generalmente comprensivo de noticias y entretenimiento. Los medios de comunicación simpatizan con las causas sociales, probablemente porque la mayoría de sus clientes obtendrán algún beneficio del idealismo social. Por otra parte, el poder de los medios de comunicación para influenciar a las personas debe atraer a los idealistas sociales. En cualquier caso, gran parte de los medios de comunicación intentarán disuadir una redefinición de los derechos humanos que enfrían su misión social.

Por otra parte, la misión de implementar los verdaderos los derechos humanos debe mostrar el aumento de la igualdad, la seguridad de la riqueza adecuadamente adquirida y la libertad personal sobre el altruismo nivelador.

CAPÍTULO 7: UNA VISIÓN TOTAL

Una visión de conjunto de la vida humana en este planeta muestra que cada persona está conectada a una jurisdicción comunitaria/política específica, aun cuando el vecino más cercano está lejos. El carácter de esa comunidad depende mucho de cuáles derechos humanos son reconocidos y protegidos. La seguridad de una persona y sus bienes, la libertad de disfrutar el ambiente y la naturaleza, el beneficio económico de ser un ciudadano de un país, la libertad de conciencia y la libertad de asociación son todas las medidas del valor de esa sociedad. Algunas jurisdicciones políticas son lugares infernales, donde una persona debe arriesgar su vida para recoger agua (Darfur, Sudán 2005), donde los niños son regularmente secuestrados y obligados a prestar servicio paramilitar (Uganda 2006), donde una mujer no debe mostrar ninguna parte de sí misma en público porque está bajo el control de los hombres (Afganistán 2002). Algunos países son como Irán en el 2005, donde la libertad de conciencia era ausente, o como Arabia Saudita, donde las mujeres no pueden votar y la familia Real Saudita (30.000 miembros) toma una gran proporción de los beneficios del petróleo. Otros son como Alemania, Bélgica, Hungría y Suecia, donde cerca de la mitad de los ingresos eran tomados por los gobiernos a través de sus fórmulas de nivelación de impuestos (2001 - informe de la Organización para la Cooperación y Desarrollo Económicos). Hay otros donde gran parte de la propiedad deseable es propiedad privada y es inaccesible al público. Estos lugares son ejemplos de jurisdicciones políticas donde carece seriamente el reconocimiento de los derechos humanos fundamentales. Se necesita que los verdaderos derechos humanos se aclaren y se implementen, y que ciertas actitudes acerca del control de las personas cambien.

Actitudes

En una comunidad, las actitudes determinan lo que es considerado como aceptable y lo que no, y por lo tanto generan el sabor de una sociedad en términos de libertades y tabúes. En una sociedad basada en derechos humanos, un rango específico de actitudes naturalmente acompañará la filosofía de derechos humanos. Esta gama es bastante diferente de la existente en la actualidad, y tanto más que la sociedad en cuestión está en contradicción con los derechos fundamentales. Por lo tanto, la conversión a una sociedad basada en los derechos humanos necesitará algunos o muchos cambios profundos en las actitudes.

En el mundo occidental, la actitud de que una persona tiene derecho a lo que ella necesita, de una u otra manera, tendrá que cambiar. Tendrá que dar paso a la actitud de que cada persona es básicamente responsable de sí misma. Esta es la realidad cuando se entienden los derechos fundamentales reales. Las personas conscientes saben que deben adquirir habilidades y conocimientos y tomar iniciativas para crear cosas de valor y ganarse la vida. Así era antes y se basó en la conexión cercana a la realidad. La actitud debe actualizarse, pero se adapta bien en un sistema económico coherente con los verdaderos derechos.

Esto no quiere decir que no existen privilegios que vienen sin esfuerzo. En una sociedad basada en los derechos humanos, éstos se acumulan de la propiedad común del gobierno y lo que la Naturaleza ha provisto. Las personas esperan ingresos de estas fuentes en proporción a los beneficios que generan. Este es uno de los principales beneficios a todas las personas del desarrollo de la industria de recursos. En el resto de sus vidas, carreras, asuntos financieros y asociaciones personales, las personas están a cargo de sí mismas.

Una actitud común en una democracia es que la mayoría en una jurisdicción política tiene el derecho a tomar simplemente lo que eligen de las finanzas de una persona. Esto se hace generalmente a través de un gobierno electo pero, sin embargo, puede constituir una violación del derecho a la seguridad de la propiedad. La teoría de los derechos humanos establece que el grupo no puede hacer caso omiso de los derechos fundamentales del individuo, no de forma directa o a través de un agente (gobierno). En una verdadera jurisdicción basada en los derechos, el financiamiento para los proyectos discrecionales viene de los beneficios del gobierno obtenidos a través de sus iniciativas, por ejemplo, la provisión de un sistema vial. Como los residentes permanentes en la jurisdicción son accionistas igualitarios en el gobierno, podrán decidir por mayoría de votos qué hacer con esos beneficios. Este proceso puede evitar la transgresión de los derechos fundamentales. La actitud que va con ella es que tanto el costo y los pagos son contenidos dentro del mismo sistema de contabilidad.

Para que algunos países se conviertan a la regulación por los derechos humanos, se hará necesario un gran cambio de la actitud de los hombres hacia las mujeres. Debe ser aceptado que una mujer es una persona y por lo tanto tiene los mismos derechos fundamentales que un hombre. En términos quizás más sencillos, esto significa que un hombre no debe asumir más control sobre una mujer que asumiría sobre otro hombre. Puesto que el prejuicio es aprendido desde la infancia, el momento de comenzar a corregir el hábito ofensivo es durante la educación y la crianza de niños. Además, debe extenderse la idea de que la duración de las tradiciones no en sí las convierte en correctas. Más bien, los principios correctos indican si una tradición es correcta o no.

En algunos círculos del gobierno, se requiere un cambio importante de actitud, especialmente en países autoritarios: los gobiernos no se dan autoridad a sí mismos. Su autoridad proviene de su creador, que no es Dios o la Naturaleza, pero la población de la jurisdicción. Por lo tanto, el gobierno es responsable ante los gobernados.

La actitud del gobierno que la estabilidad es alcanzada y mantenida al equilibrar el poder de los grupos puede ser cierta, pero este no es el mandato del gobierno. Su mandato es servir primero a los individuos y al grupo de segundo, no al revés. Esto se aplica particularmente en los países que se esfuerzan por alcanzar la democracia. Entender que están tratando con una población de accionistas igualitarios debe alinear correctamente sus motivos.

Una Nación Basada en Derechos Naturales

Después de haber discutido la implementación de los derechos universales basados en los derechos naturales y las actitudes que estén en consonancia con estos derechos, una pregunta lógica es, "¿Qué tiene para ofrecer una nación basada en los derechos humanos naturales?" En respuesta, una nación basada en los derechos humanos naturales y los derechos subsidiarios implícitos descritos en el Capítulo 5 tiene lo siguiente para recomendarlo.

En primer lugar, la teoría es fácil de entender, basándose en observaciones de la situación humana fundamental que son evidentes rápidamente ante cualquiera que se toma el tiempo para reflexionar sobre tales cuestiones[‡]. Es muy posible para cualquier persona, sin importar el género, religión, cultura, raza o nacionalidad, se relacione a esta teoría de una manera similar a su descubrimiento de la etiqueta de la interacción humana. Ningún salto a un concepto intelectual como "Sociedad", ni la

---

[‡] paráfrasis de John Locke "...enseña a toda la comunidad que quiera consultarla..."

comprensión de una idea delicada tal como "la dignidad del hombre" es requerido. Las ideas de los derechos naturales son básicamente intuitivas.

En segundo lugar, tal nación permite la máxima libertad para el individuo manteniendo todos los primeros intereses de las personas, tales como la persona, seres queridos y posesiones, protegidas de la interferencia y daños. Además de las libertades en una democracia liberal moderna, una persona tendría la libertad de excluir a personas que no le agraden de su casa o negocio y, actuando en sintonía con la mayoría de las personas de la nación, de su país.

Habría más libertad para disfrutar de lo que la Naturaleza ha provisto porque cada persona tiene igual derecho a ello. Esto incluye, por ejemplo, la orilla del mar donde ningún gobierno que se rige por la Constitución permitiría tierra designada para el uso exclusivo de una persona a incluir siquiera una costa mínimamente deseable. Por supuesto, habrá reglas y reglamentos en importantes sitios naturales que atraen a muchos visitantes, pero estos serían para la protección de la ecología y el medio ambiente para las generaciones actuales y futuras.

La toma de posesión del gobierno de la tierra, ríos, etc., requeridos para los proyectos en beneficio de la comunidad sería más sencilla porque la comunidad es propietaria de estos bienes naturales y sus ocupantes son inquilinos. Al reconocer la propiedad de las mejoras a la tierra por parte de los inquilinos, habría una compensación justa de la terminación unilateral de sus contratos. La integridad de los derechos naturales en tal situación está en contraste con el sistema de propiedad de tierra habitual que consiste en una disputa entre la necesidad de la comunidad y el derecho de propiedad de los ocupantes de la tierra.

La propiedad colectiva de toda la tierra por todos los residentes permanentes de la nación resulta en un flujo constante de ingresos a la cuenta de cada hombre, mujer y niño, ya que los que ocupan más de su derecho a la tierra (por valor) deben compensar a todos los demás por su falta de acceso. Del mismo modo, las empresas que extraen recursos valiosos de debajo de la tierra deben comprarlos de los propietarios colectivos, que se suma a la corriente de ingresos mencionada anteriormente. Sin importar lo pobre o rica que sea una persona, hay un flujo de ingresos a su cuenta debido a su pertenencia igualitaria en el colectivo provincial o nacional. En aquellos países en donde los abundantes recursos naturales son explotados, estos ingresos pueden ser muy importantes, permitiendo que todos los residentes prosperen proporcionalmente.

Por otra parte, el costo de operación y servicios del gobierno es facturado a la cuenta de cada hombre, mujer y niño. Cuando estos costos pueden ser razonablemente atribuidos igualmente, que probablemente serían la mayoría, se cargarán igualmente. Posiblemente, algunas personas reciben cargos especiales por servicios hechos para ellos, pero no para otros, por ejemplo, un proyecto de construcción realizado por un gobierno para un área o grupo en particular. El principio rector es atribuirles el costo a las personas en una proporción aproximada al beneficio que reciben.

Cada ciudadano tendría otra fuente de ingresos si el gobierno compromete a las empresas diseñadas para permitir o facilitar la actividad empresarial. La participación del gobierno en los beneficios comerciales se basaría en una estimación del valor de su contribución al beneficio. Además, el gobierno probablemente cobraría cargos por su apoyo de negocio donde todos los negocios serían responsables por tales cargos, sin importar si hicieron un beneficio o no. Asimismo, el gobierno podría reclamar un porcentaje de los ingresos de los individuos, con la misma justificación. El resultado neto sería un beneficio para el gobierno, probablemente después de los gastos, y esto se distribuiría igualmente a todos los ciudadanos (incluyendo a los niños) como un crédito. Los créditos que cada persona recibe de los ingresos se aplican contra los cargos por los gobiernos para sus gastos. Estos cargos son calculados por los métodos contables que tratan de atribuir costos de manera justa por individuo. Encima de tales cargos, sin embargo, están las afirmaciones a una proporción del ingreso para rendir cuentas al Gobierno de lo que se ha ganado.

La primera ventaja de un sistema contable completo es que cada persona paga por los beneficios recibidos y no se ve obligada a subvencionar a otras personas. Él o ella puede hacerlo voluntariamente a través de organizaciones dedicadas a ayudar a los necesitados, pero la decisión sobre cuándo y cómo será suya. Si bien puede parecer que la pobreza será más común, existen fuerzas compensatorias. El balance para cada individuo tiene ingresos de su participación en lo que la Naturaleza ha provisto, más una parte del beneficio del gobierno de su apoyo a la actividad empresarial en un lado, y los cargos por el gobierno para los beneficios provistos en el otro. El balance puede ser positivo si los gobiernos son eficaces en su contabilidad y no despilfarran los fondos públicos. Por lo tanto, cada hombre, mujer y niño es reconocido económicamente como un derecho por ser un ciudadano del país. Una hoja de balance de ingresos y gastos, provistos periódicamente a cada adulto, tiene el efecto secundario de reforzar su sentimiento de ser un accionista de la jurisdicción política.

Otra fuerza compensatoria (a la pobreza) es la equidad de la indemnización cuando es empleado por otros. El derecho natural le da una participación a la persona en lo que ésta crea en el trabajo y el derecho a la compensación como una proporción razonable del valor del producto final. Sin embargo, la compensación depende de la tasa de producción, una política que sin duda tendrá sus detractores y partidarios.

Sin embargo, habrá gente pobre en una nación basada en los derechos naturales, pero estas personas tendrán a ser personas que crean poco de valor, ya sea por disposición o circunstancias. Todavía habrá trabajo para las organizaciones altruistas. La gente adinerada incluye a las personas que han creado mucho en valor, además de la clase inversionista tradicional y los ejecutivos privilegiados.

La segunda ventaja de los sistemas de contabilidad completos es la alta transparencia de los costos para proyectos y servicios, permitiendo que los políticos y los ciudadanos tomen decisiones inteligentes acerca de la cantidad apropiada de participación del gobierno en la provisión de lo que es necesario o deseado por la población. Esto es difícil de hacer cuando no se conoce el costo real o cuando los cargos son establecidos por el gobierno esencialmente como una fuente de ingresos, por ejemplo, el impuesto a la gasolina. En una jurisdicción basada en los derechos naturales, el impuesto a la gasolina se utiliza para pagar solamente el sistema vial porque no se permite el impuesto arbitrario.

Las pólizas de seguro son los medios comunes para que las personas se protejan de la desgracia, incluyendo la pérdida de vida y problemas de salud. Las primas tienden a basarse en el riesgo, en vez del enfoque del gobierno de "repartir los costos", porque la arbitrariedad en cuotas va en contra de la propiedad de las personas de su dinero. La persona que toma riesgos más elevados en su estilo de vida lo pagará en sus primas de seguro, como ya es común con el seguro de vehículos.

En general, se puede decir que una sociedad basada en los derechos naturales acoge el régimen causa-efecto que la humanidad ha heredado de la Naturaleza. A menos que sea modificado sistemáticamente por personas, es la forma natural de la vida y, por lo tanto, una sociedad puede ser llamada una "sociedad natural". Significa que "lo que siembren ahora, lo cosecharán", como lo dijo Jesucristo hace dos milenios. Cada hombre y mujer tiene la responsabilidad y la euforia de manejarse a sí mismo para vivir una vida que es tan suya como lo puede permitir cualquier sociedad.

Sin embargo, siempre habrá muchos que prefieren ser libres del régimen implacable de causa-efecto, ya que esto es un sueño recurrente de la humanidad. No quieren preocuparse tanto de lo que siembran y acordarían dejar que lo es cosechado se reparta entre todos. Quieren un entorno tolerante donde las consecuencias de errores y omisiones son menos que proporcionales, y de vez en cuando algo importante, como el cuidado médico o la vivienda, es gratis. Un diseño político basado en esos anhelos puede ser acomodado en una nación basada en los derechos naturales. Hay varias condiciones, como se presentó anteriormente. El primer requisito es que la sub-jurisdicción debe ser formada por voluntarios porque es una ilusión que algunas cosas o servicios sean gratuitos. Para la sociedad en su conjunto, nada de valor es gratuito; siempre hay algunas personas en algún lugar que pagan por lo que otros obtienen sin costo alguno. Por lo tanto, una nación basada en los derechos naturales puede tener una cobija de jurisdicciones donde los residentes intercambian algunos de sus derechos naturales para algunas comodidades que desean fervientemente.

Un país basado en los derechos naturales se asegurará de que los niños y otras personas vulnerables no sean adoctrinados con lo que puede catalogarse como creencias opcionales. Más bien, todos los niños serán educados con el conocimiento que los equipará a tomar sus propias decisiones entre esas creencias opcionales, mientras que se le instruye sobre los derechos humanos fundamentales que todos los seres humanos poseen. Tal educación en una sociedad natural tiende a producir personas justas y sensibles que tienen la mejor oportunidad de relacionarse con un mundo amplio y diverso.

Lo más importante es que una nación basada en verdaderos derechos humanos no será una tiranía de la mayoría, que es el destino para los países verdaderamente democráticos. Ni tolerará tiranías por empresas, sindicatos, pandillas u otros. Como la libertad de la tiranía es un prerrequisito para alcanzar la plenitud y la felicidad, hay más posibilidad de eso en tal nación.

Puede ser que la mayoría de los que se trasladan a esta nación de un estado de bienestar resentirán la "mezquindad" de un sistema que les da solo lo que merecen. Sin embargo, otros estarán encantados de poder mantener los beneficios por manejar bien sus vidas y sus finanzas. Los que provienen de un lugar donde nunca conocían la seguridad, protección de la explotación o la libertad de tomar sus propias decisiones reconocerán el mundo imaginado en los mejores días de su juventud, cuando la tierra y el cielo eran libres.

El Camino a Seguir

El papel de los derechos humanos en las sociedades del mundo será un determinante clave del camino a seguir. De ello dependerá la seguridad, el acceso al entorno natural y una participación en su utilización, y el grado en que una persona se siente que está intercambiando de forma justa con el sistema socio-económico. Algunas sociedades harán un avance muy lento en la identificación de las instituciones y los culpables que están en conflicto con los derechos humanos. Generalmente, la causa será el profundo adoctrinamiento de los niños en las creencias tradicionales. Tal adoctrinamiento capacita a las personas desde la infancia a resistir ideas contradictorias. Sin embargo, para que una población avance en el camino humano, en lugar de quedarse estancada en un lugar arbitrario e injusto, se requiere una actitud receptiva a las ideas nuevas, sin importar lo inquietantes que sean a la orden natural. Estas ideas deben ser evaluadas por la razón más clara, y no deben ser abrumadas por las respuestas condicionadas o los intereses egoístas. Por supuesto, las sociedades que tienen una historia de digerir nuevas ideas serán más propicias a una teoría progresiva de los derechos humanos. Sin embargo, aquí también habrá resistencia. Tales sociedades invariablemente se habrán vuelto bastante complejas, como resultado de la libertad de los individuos, corporaciones y gobiernos de promover sus programas y sus ambiciones. Sus ganancias serán protegidas celosamente y una teoría de los derechos humanos que cambia las reglas, poniendo en peligro los beneficios o prestaciones, encontrará resistencia. La llegada de un movimiento basado en los derechos humanos en esos países caracterizados por una enorme disparidad en la riqueza entre unos pocos privilegiados, que han obtenido mucho más de lo que se merecen a través de su esfuerzo o incluso inversión, y la mayoría privada, se encontraría con la hostilidad por la élite rica. Utilizarán sus recursos y el gobierno tanto como puedan para comprobar el avance, y se pospondrá la justicia. Tales fuerzas han tenido éxito durante generaciones en el pasado, pero no está garantizado el éxito en el futuro frente a la creciente conciencia de los derechos humanos.

A su vez, el alcance de los derechos humanos, como se presentan aquí, es mucho más amplio que antes. Esta teoría pone responsabilidad en los gobiernos para gestionar el medio ambiente y proteger la igualdad de los ciudadanos en él. También tiene un profundo impacto en el sistema económico debido a la necesidad de incluir el patrimonio alcanzado por quienes crean valor en él. Las nuevas necesidades llegan a un mundo que ha pasado recientemente por un periodo de sacudida, tanto en las teorías políticas (es decir, fascismo, comunismo, democracia representativa) y sistemas económicos (es decir, comunismo, capitalismo) y que ahora sus rutinas están bastante arraigadas.

La caída del comunismo en el siglo XX dejó sólo el capitalismo en el campo de juego, así que por defecto el tercer milenio comenzó con prácticamente todos los países estando involucrados en una economía mundial del capitalismo. El sistema defectuoso que reconoce solo el capital del inversor ahora se está extendiendo por doquier. Esto se puede convertir en una fuerza positiva, sin embargo, porque si se corrige la falla, entonces el capitalismo reformado puede ser el medio para el establecimiento de un sistema basado en los derechos humanos en el lugar de trabajo en todas partes.

Las empresas quizás no adopten este sistema de doble capital pacíficamente, sin embargo. Esto significa que las ganancias y las bonificaciones de los ejecutivos siempre serían lo que sobra después de que los empleados hayan sido correctamente pagados por su participación. El pago adecuado significa que está basado en el valor del producto en la puerta de la fábrica. Prácticamente hablando, los dueños de negocios y ejecutivos que perderían por este sistema sólo se volverán en esa dirección si es requerido por el gobierno.

En el ámbito empresarial y en la mayoría de las otras áreas, el verdadero motor de la implementación de los derechos humanos es el gobierno. Los gobiernos hacen leyes que dirigen la actividad humana en direcciones deseadas. El pronunciado cambio en la dirección que es necesaria para implementar la teoría de los derechos humanos presentadas aquí puede hacerse por los distintos niveles de gobierno, pero debe haber una presión irresistible para hacerlo. Una demostración de la presión que puede resultar de la conciencia de los derechos humanos son las naciones occidentales, que casi han completado una conversión a los gobiernos basados en los derechos humanos bajo la influencia de la doctrina publicada de derechos humanos. Si la debilidad de esa doctrina es superada por la integridad de la teoría de los derechos humanos presentada aquí, entonces de manera concebible, bajo la misma presión, las naciones pueden corregir su dirección a la ruta de los verdaderos derechos humanos.

De hecho, podríamos preguntarnos cuál será el campo de juego de la ideología política en los siglos venideros. Después de que los experimentos ideológicos fracasados del siglo XX, la influencia desvanecida de la iglesia y las máquinas de propaganda de la Guerra Fría han visto su día, el mundo parece estar preparado para un nuevo liderazgo y dirección. Los idealistas utópicos están tratando de tomar ventaja, y también aquellos que prefieren el poder crudo, (por ejemplo, los mafiosos) y están creando caos y anarquía en algunos lugares. Las tácticas brutales de los fanáticos religiosos y tribales continúan sacudiendo nuestras sensibilidades; pero aun así, el mundo espera qué sentido puede salir de todo esto. Al mismo tiempo, parece haber una creciente conciencia que en siglos anteriores, las poblaciones enteras fueron por el camino equivocado en la religión, ideología política, tribalismo, costumbres y aspiraciones; caminos que se enrollaron alrededor de la verdad y finalmente no llegaron a ningún lado. ¿Es el destino del hombre tener más aventuras que finalmente se quede sin energía cuando sus "verdades" se quedan sin creyentes? Hay algunos indicios de que las personas se están desplazando hacia la búsqueda de la verdad en las cosas. La evidencia en tales cosas tales como la programación de televisión, que, en las últimas décadas, ha evolucionado hacia programas más objetivos sobre los mayoritarios de ficción, y la venta de libros que, al menos en el mundo occidental, es predominantemente no-ficción. Como esto es cierto, la teoría actualmente popular de los derechos humanos será examinada cada vez más cuando sea necesario. Un caso es el Pacto Internacional de Derechos Económicos, Sociales y Culturales de la ONU que intentó obligar a las naciones a adoptar los derechos altruistas en la Declaración de 1948, pero no fue aceptada por los Estados Unidos de América, Rusia y muchos otros países. Los factores políticos probablemente estuvieron involucrados en estas decisiones, pero indudablemente hubo suficiente falta de integridad intelectual en el Pacto para permitirles a los países rechazarlo por principio.

En cualquier caso, la dicotomía de las teorías de los derechos humanos necesita ser resuelta. Esto podría hacerse por debate instruido o por experimentación. El debate instruido debe reabrir la cuestión de que si los derechos humanos fundamentales son una manifestación de una sociedad o una dotación de la Naturaleza. Debe tener la honestidad de admitir que sólo el último puede ser universalmente convincente, y que los derechos seleccionados por una elección siguen las provisiones de las elecciones. El debate completo necesariamente cuestionará la "supremacía del Parlamento", es decir, el derecho de una legislatura a gobernar en cualquier aspecto de la vida humana y, en oposición a tal prerrogativa, tendrá que contemplar la autoridad del individuo. Habrá dos bandos en el debate: un lado que afirma que la autoridad del individuo es lo que es concedido por el gobierno, el otro lado afirmando que el individuo tiene autoridad natural sobre sí mismo y lo que él o ella posee. Lo que está en juego es si el individuo es un hijo de la sociedad o un hijo de Dios/Naturaleza, y si es realmente libre o no.

La prueba por experimentación requiere que algunos países sean re-constituidos sobre la base de los derechos humanos naturales. Esto podría probar la utilidad de tal nación. La comparación con aquellos países que ya cuentan con un sistema político basado en los derechos humanos altruistas (p. ej., la Europa occidental) permitiría que se realicen observaciones reveladoras. Si la verdad gana en este concurso, entonces el camino a seguir en la travesía humana debe enderezarse, evitando otra gran excursión con una falsa ideología.

Sin importar la dirección que siga el mundo, los argumentos de este libro son para todos los tiempos: que los derechos pertenecen a los individuos y a grupos como agregados de individuos, que los derechos se derivan de la propiedad y los derechos naturales de la propiedad natural; que los derechos naturales y los derechos subsidiarios implícitos son derechos reales que están delante de las leyes y las filosofías o religiones opcionales. Los opositores de estas proposiciones o de la teoría de los derechos presentados deben mostrar cómo son falsas. De lo contrario, la teoría gobierna el juego de la vida humana como las reglas de fútbol se aplican a cualquier jugada en ese juego.

El problema del mundo es que muchas personas apenas son conscientes de sus derechos reales y lo que connota esos derechos para su protección, privilegios e igualdad de oportunidades. Si entendieran la teoría de los derechos, verían la diferencia entre sus derechos y privilegios y de sus circunstancias actuales.

Podían ser motivados a tomar medidas para cerrar la brecha. Sin embargo, la causa de los derechos humanos debe finalmente derrotar a las fuerzas de poder egoísta, el capitalismo codicioso, el tribalismo extremo y el idealismo irracional. Esta lucha puede marcar nuestro siglo.

SUPLEMENTO

Teoría Aplicada a Problemas Actuales

Matrimonio Entre Personas del Mismo Sexo

En 2007, cinco gobiernos nacionales legalizaron el matrimonio entre personas del mismo sexo. Sus legislaturas suprimieron cualquier derecho de la población heterosexual a tener un rito heterosexual exclusivo como el matrimonio. La teoría de los derechos humanos establece que toda persona posee su mente, lo que implica la libertad de unirse con otros en la creación de una institución de su elección, siempre y cuando no ofendan los derechos fundamentales de los demás. Estos derechos fundamentales no incluyen el derecho a introducirse a uno mismo en cualquier institución que uno elija. El matrimonio es una institución de larga tradición que estuvo antes que cualquier gobierno, y consiste en la unión de un hombre y una mujer en una relación conyugal. Su existencia es una manifestación visible del derecho tácito de las personas heterosexuales a tener su propia institución. Las legislaturas que han decidido incluir a las parejas homosexuales en el rito del matrimonio, sin obtener la aprobación de la población heterosexual, han ignorado este derecho.

El derecho de asociación que protege el derecho del pueblo a crear y unirse a asociaciones está incluido en el cuerpo de la ley de muchos países democráticos. Desafortunadamente, el significado y el alcance de este derecho no estaban definidos en la ley. Sin embargo, lógicamente incluye el derecho de un grupo de personas a formar y tener una institución basada en criterios que son importantes para ellos. Por este razonamiento, el derecho de asociación apoya el derecho de la población heterosexual a tener una institución que manifiesta su orientación sexual, es decir, el matrimonio como la unión de un hombre y una mujer. Los países que legalmente han expandido el matrimonio (Países Bajos, Bélgica, Canadá, Sudáfrica y España) también incluyen el derecho de asociación en sus leyes, pero aparentemente pasan por alto la contradicción de aprobar una ley que ignora el derecho de los heterosexuales sobre su institución.

Sin embargo, hay una manera para que la institución del matrimonio sea ampliada para incluir a las parejas homosexuales. Simplemente se debe obtener la concurrencia de la mayoría de las personas heterosexuales con esta propuesta.

Eso implica un referéndum nacional de personas heterosexuales. Si la votación es positiva, entonces la legislatura puede pasar un proyecto de ley de implementación. Los heterosexuales que obtuvieron una minoría de votos tienen la opción de crear un rito de matrimonio modificado que es exclusivo. Esto particularmente le queda a los religiosos quienes podían conservar sus rituales, etc. bajo un nombre diferente, tal como "matrimonio santificado" o "unión sagrada", es decir, un nombre que distingue la unión exclusiva de la unión abierta y se ajusta a la nueva ley. Si el voto es negativo, las personas homosexuales tienen la opción de crear una institución similar al matrimonio pero con otro nombre.

Adopción de Niños

En situaciones de adopción, el derecho está con el niño. El niño tiene un derecho natural de manejarse a sí mismo, como cualquier persona lo tiene, y probablemente lo hará por su propio bien. Puesto que virtualmente todos los niños que se dan en adopción son menores de edad, este derecho se ejerce normalmente por un tutor. El tutor tiene la responsabilidad de evaluar cualquier solicitud de adopción en relación con lo que es física y mentalmente sano para el niño. Ya que esta responsabilidad realiza fielmente la decisión del tutor basándose en el derecho absoluto del niño, es final.

En la retórica confusa sobre el tema de la adopción, a veces se escucha la cuestión del derecho de que una pareja que cohabita adopte a un niño. Por teoría de los derechos humanos, ninguna pareja, ya sea heterosexual u homosexual, tiene este derecho. Si lo tuvieran, los custodios de los niños que serán dados en adopción tendrían que suministrar uno, tal como los expendedores de cheques de pensión deben proporcionar un cheque a quien tenga derecho a uno. Solo una pareja que quiera adoptar a un niño tiene derecho a hacer una solicitud para un un niño y su solicitud está sujeta a la decisión del guardián que puede rechazar la solicitud si él o ella cree que el entorno familiar no será saludable o es riesgoso. Además, si hay más de una aplicación, el tutor puede elegir el que ofrece las mejores perspectivas para el niño.

Un tema polémico que se avecina es la cuestión de que si una pareja de homosexuales puede adoptar a un niño o no. Como se mencionó anteriormente, tienen el derecho a presentar una solicitud, pero el tutor tiene derecho a rechazarla. La evaluación del tutor debe considerar la probabilidad estadística del 90%

que el niño (presumiblemente en la etapa de la pre pubertad) es heterosexual y el efecto sobre él/ella de vivir con padres del mismo sexo. Las desventajas y peligros para el niño es lo que el tutor debe evaluar. No hay ninguna obligación de los solicitantes (ya sea homosexuales o heterosexuales) que desempeñar el papel imparcialmente. Al guardián se le permite juzgar el estilo de vida de los futuros padres en relación con el bienestar futuro del niño y la autoridad superior puede desafiar solo si considera que el niño no está adecuadamente protegido.

El problema para los legisladores es cual legislación aprobar (o dejar en los libros) para garantizar la protección del niño en todas las situaciones. Las prohibiciones deben basarse en la probabilidad significativa de peligrosidad para la salud física o mental del niño, pero de lo contrario estarán libres de sesgo arbitrario. Las situaciones reales de adopción son aquellas donde un niño ha pasado por el proceso durante años pero finalmente se materializa una solicitud. El tutor debe pesar los defectos de los solicitantes contra la perspectiva de que el niño no tenga padres. Anticipándose a tal eventualidad, los legisladores deberían centrarse en los defectos que son tan graves, en relación con el bienestar del niño, que sería mejor para el niño estar bajo la tutela del estado en vez de irse a vivir con ellos. Al mismo tiempo, la legislación no debe limitar indebidamente la oportunidad de encontrarle nuevos padres al niño.

Aborto

Desafortunadamente, la teoría de los derechos humanos no puede resolver la rectitud o maldad de abortar un feto porque hay un dilema en la raíz del problema. La teoría de los derechos humanos está relacionada a los derechos de una persona, ¿pero en qué etapa de desarrollo es el feto en realidad una persona, y no potencialmente una? Este es el dilema. La teoría también identifica a la madre como la dueña de su propio cuerpo. Basándose en este principio, la madre puede reclamar la propiedad del feto y por lo tanto el derecho a abortarlo. Sin embargo, en algún momento en el desarrollo del feto se puede concluir que es una entidad separada del cuerpo de la madre. Este punto se encuentra en algún lugar desde la concepción hasta el nacimiento del bebé. Para aclarar el estado del feto, debe reconocerse que no es una parte permanente del cuerpo de la madre, como sus pulmones o hígado, y en realidad su cuerpo no necesita al feto en absoluto. Para el observador exterior, el útero es un espacio donde la Naturaleza/Dios trabaja su plan para la continuación de la especie. En la fase temprana del embarazo, la pregunta central es si la madre (o cualquier otra persona) tiene la autoridad para terminar este proceso o no. Después de que el feto haya adquirido el estatus de una persona, el derecho del niño a la seguridad personal quitará la opción justificada de aborto si existió en primer lugar.

Con frecuencia se intenta decidir la cuestión del aborto a través de motivos religiosos. Este enfoque entra en conflicto con la teoría de los derechos que especifica que las creencias religiosas de una persona pueden aplicarse a sí misma solamente. Por lo tanto, solo una madre puede basar su decisión en estos motivos. También es contradictoria a la teoría de basar una ley que prohíbe el aborto en un dogma religioso o el consejo de clérigos. Corresponde a los fanáticos religiosos transformar sus objeciones en argumentos basados en la razón.

La cuestión del aborto de la pre-persona puede encontrar su resolución en consenso después de que las disciplinas de la filosofía y quizás las matemáticas entren en la discusión. La filosofía identificará la potencialidad, no sólo la realidad, como algo digno de considerar. En la evaluación de la potencialidad, la ciencia de la probabilidad estadística puede ser útil. Puede establecer, a través del estudio y la observación organizada, la probabilidad estadística de un bebé, una vez concebido, de nacer vivo. Lo que complicaría las cosas sería la observación de que esta probabilidad sea dependiente de la edad, especialmente para mujeres mayores de 35 años. Las figuras de alta probabilidad tenderán a apoyar a los filósofos morales que sostienen que la reducción de la potencialidad de una persona equivale a la reducción virtual de la realidad. Independientemente de las cifras de probabilidad, los moralistas religiosos sostendrán que el aborto interfiere con el plan de Dios. Pero para los teóricos de los derechos humanos, el problema seguirá siendo si hay o no algo allí que tiene derechos. Indudablemente, la decisión de abortar el proceso es serio y una consideración completa tendrá que ir más allá de cualquier teoría de los derechos humanos para encontrar la solución más sensata.

Circuncisión

En muchos países, incluyendo los altamente regulados y organizados, existe la práctica sistemática de la mutilación de los niños varones. La mutilación consiste en cortar el prepucio que envuelve la cabeza del pene. Las razones para hacerlo son a veces religiosas, a veces terapéuticas y a veces para poner en práctica la idea de que el retiro del prepucio impide que las bacterias se asienten debajo de él. Se tratará con estas razones a medida que estén a la altura de los criterios de los derechos humanos, como se menciona a continuación.

El practicante religioso se acerca a un varón con un bisturí y el supuesto de que el niño está sujeto a los dictados de una doctrina religiosa particular que el practicante ha optado por adoptar. Ausente de la situación es el reconocimiento de que el niño posee su propio cuerpo. Si se consideran las prerrogativas del niño, se supone que crecerá y será un buen miembro del grupo. La intención de adoctrinar al niño para que esto se realice es intrínseca a esta idea. Con el acoplamiento de este control mental intencional y el acto de circuncisión, la violación de los derechos humanos es completa. En primer lugar, está la sustracción de una parte normal del cuerpo del niño sin su permiso y luego un plan para manipular su mente para que él finalmente la acepte. Ambos ignoran el derecho fundamental de los niños a poseer sus cuerpos y mentes.

Una razón terapéutica entra en una categoría muy diferente - una de un objetivo diagnóstico de un problema médico y un plan razonado para corregirlo. En la mayoría de los casos, el hombre tiene la edad suficiente para dar permiso informado. Con un niño, el criterio basado en los derechos es que se puede suponer razonablemente que el niño puede dar su permiso si es lo suficientemente maduro como para comprender todos los hechos del caso. (Esto es cierto de cualquier cirugía correctiva en un niño).

La tercera justificación que a veces se escucha es que la circuncisión reduce la probabilidad de una infección en esa área. Presumiblemente, esta probabilidad reducida compensa la probabilidad creciente de que la piel delicada del glande del pene se rompa y que se dé una infección. La fuerza del argumento, si es válido en realidad, es que la cirugía mejorará la salud futura de la persona del sexo masculino. Viniendo de la misma persona que corrige defectos corporales, el argumento conlleva la reputación y la credibilidad de estas personas e induce a muchas personas, ya sea religiosas o no, a circuncidar a su hijo. Sin embargo, el prepucio no es un defecto corporal como los que se producen anormalmente. El prepucio ocurre en cada hijo varón; por lo tanto, aquellos que mantienen que debe ser retirado realmente reclaman que ellos saben más que Dios o la Naturaleza. Se trata de una plataforma muy dudosa en la cual basarse. El hecho de que muchos de los médicos implicados también son religiosos compromete aún más esa posición. Cuando el médico toma la decisión por defecto porque los padres no están dispuestos a evaluar adecuadamente la perspectiva, es posible que la decisión no es objetiva.

La teoría de los derechos fundamentales se refiere a estas situaciones al requerir que el derecho de un niño varón a la inviolabilidad física antecede a la teoría médica impertinente o acción religiosa dominante. Prescribe que la práctica de la circuncisión sea terminada, excepto como una corrección para un problema médico.

En el 60% de los países africanos, en regiones del sur del Oriente Medio y Asia y cada vez más en los países avanzados debido a la inmigración, hay una práctica especialmente aborrecible de la mutilación femenina, a menudo se llama la "circuncisión femenina". Consiste en, como mínimo, en cortar el clítoris y los labios menores en la entrada a la vagina. En algunas regiones la operación va más allá

- cortar la carne en las aberturas uretrales y vaginales, los labios mayores y hasta el pubis, es decir, el tejido graso sobre el hueso púbico. Estudios realizados en África en los años 80 y años 90 encontraron que la razón más frecuentemente citada para hacerlo era para mantener una tradición. Este es un enfoque sin sentido a cualquier costumbre cuestionable y en este caso es reprensible debido al daño duradero hecho a la niña o a la mujer. Si la teoría de los derechos fundamentales es conocida y adoptada, luego introduce una razón clara y definitiva para detener la práctica y que es la transgresión del derecho del sujeto a la seguridad e inviolabilidad de su cuerpo.

La segunda razón más citada es la prescripción religiosa. Como la circuncisión masculina, esto implica la toma de posesión del cuerpo de la víctima en total desconsideración de la propiedad de la persona al mismo. Una vez más, una persona no puede utilizar la justificación de la creencia elegida de cierta doctrina de lo sobrenatural para violar el cuerpo de otra persona.

Otras razones que se escucharon fueron la limpieza, preservación de la virginidad, mejores perspectivas de matrimonio, el realce del placer sexual masculino y la prevención de la promiscuidad o adulterio. Estas son razones utilitarias - como el dueño del caballo que castra a su caballo, o el dueño del gato que le quita sus garras o el dueño del perro que le corta la cola - hecho para la comodidad u objetivos del propietario. La justificación de la utilidad implica propiedad pero ninguna persona es dueña de otra. Por lo contrario, es el derecho fundamental de cada mujer o niña de ser responsable de sí misma. Por lo tanto, la mutilación genital para satisfacer los deseos de otra persona es una grave trasgresión de este derecho. De hecho, es una lesión seria que causa una herida permanente. Como tal, es un requisito en cualquier gobierno que acepta su misión de proteger los derechos fundamentales enjuiciar a los ejecutores de la circuncisión femenina y toda "autoridad" que le dé su consentimiento.

Pena de Muerte

La pena de muerte le quitará la vida al delincuente; por lo tanto, la pregunta es que si este resultado grave es consistente o no con los derechos humanos reales. Para examinar esto debemos remontarnos al evento inicial en la secuencia del crimen al castigo. Suponga que el crimen es el asesinato intencional de una persona sin razón acorde, ni provocación. En la teoría de los derechos humanos, una persona tiene un derecho a la seguridad personal y este derecho fue violado deliberadamente por el delincuente a la magnitud de quitarle la vida a la persona. El sistema de justicia penal de la jurisdicción presumiblemente tiene la misión, al menos nominalmente, de la aplicación de justicia para los autores de costosas violaciones de los derechos de otras personas. Las definiciones de justicia varían, pero el principio que las personas tienen lo que merecen (bueno o malo) debe acercarse a la esencia de la justicia. Para implementar justicia, un juez de un tribunal podría ordenar la pena capital por el delito descrito. El criminal podría reclamar que se violó su derecho a la seguridad personal. Recordando que un derecho es un principio razonado que pretende motivar a otras personas para que respeten la seguridad o el derecho de la persona sujeto, entonces ¿qué derecho tiene un asesino a la seguridad personal cuando le negó ese derecho a su víctima? Terceros deben decidir la respuesta a esa pregunta y si razonan que ha perdido su derecho, su decisión parece ser defendible. Por consiguiente, si la pena capital se lleva a cabo, no equivale a una transgresión del derecho del agresor. La pena capital infringiría el derecho de un criminal condenado si él no mató a otra persona sin motivo justo, ni hacer algo que sabía que causaría que personas inocentes murieran más adelante. El castigo iría más allá del derecho que él negó a otro y el exceso fatal infringiría su derecho a la seguridad personal.

En general, los gobiernos deben establecer políticas y procedimientos para aprehender, juzgar y castigar a los delincuentes. Esto incluye castigo, dentro de un rango, por crímenes específicos. La teoría de los derechos humanos no especifica que los castigadores deben implementar justicia completa. Permite que los castigadores, que tienen libre albedrío en el asunto, puedan decidir qué tan cerca llegarán a la justicia plena en su elección de castigo. Pueden aplicar su moral o filosofía elegida en este negocio y dispensar menos que la justicia plena. Este es el trasfondo verdadero de los derechos humanos de las jurisdicciones que son poco severas en los criminales, incluyendo a los asesinos. Sin embargo, el sistema judicial tiene la responsabilidad ante los ciudadanos a implementar la justicia en su satisfacción porque los ciudadanos han confiado la tarea al gobierno en lugar de exigir la justicia ellos mismos. La diferencia entre los castigos reales y la justicia plena en última instancia debe reflejar la decisión de la población por consenso. Esto se aplica particularmente a la pena capital.

Reclamaciones de Tierras Aborígenes

Los aborígenes, cuyos antepasados ocupan un territorio determinado desde antes de los registros históricos, han estado haciendo reclamaciones de áreas específicas en América (norte, centro y sur), Australia y Nueva Zelanda. Estas afirmaciones generalmente han estado basadas en tratados hechos con los europeos conquistadores antes del siglo XX, sino también simplemente en la idea de que la ocupación por generaciones de antepasados transmite propiedad implícita. La teoría de los derechos humanos indica que sólo se retiene la tierra, más nadie es dueña de ella. La población aborigen no pudo mantener la tierra contra los invasores europeos y, por lo tanto, perdió el control de la misma. La tierra es ahora parte de los países cuya integridad territorial está garantizada por una población que está dispuesta a defender el estado como sea necesario. Esta disposición genera el derecho a controlar toda la tierra dentro de las fronteras del país (mientras el país exista). La teoría de los derechos humanos indica que este derecho es la herencia a cada nueva generación y que este derecho no debe ser estorbado injustificadamente por los compromisos de generaciones fallecidas. Los tratados de tierras firmados por una generación de líderes que ahora están muertos entran en esta categoría. Por lo tanto, la actual generación de ciudadanos, quienes heredaron la propiedad de la tierra (colectivamente), no está obligada a estos viejos compromisos y puede modificar o terminarlos. Para conservar su fuerza, los tratados deben renovarse por los líderes de cada nueva generación.

Para los aborígenes desplazados por la disminución o terminación de los tratados, las perspectivas no son necesariamente sombrías. Tendrían la opción de los ciudadanos de pleno derecho del país si están dispuestos a defender el país como cualquier otro ciudadano lo haría. Sus privilegios como ciudadanos de pleno derecho podrían superar sus derechos bajo un tratado. Por ejemplo, un grupo aborigen que tiene un área de territorio bajo un tratado podría encontrar que su total privilegio a la tierra como ciudadanos vale más. En Canadá, Australia y los Estados Unidos, las poblaciones aborígenes representan el 3.1%, 2,4% y 1.0% * respectivamente de la población total. Como ciudadanos de pleno derecho de esos países, ellos tendrían derecho a los mismos porcentajes de toda tierra del país, medida por valor. Si esto sería más o menos de lo que tenían antes sería un punto interesante pero no discutible porque su derecho total sería igual a cualquier otro grupo de igual número.

* Statistics Canada (2001), Oficina de Estadística de Australia (2001), Oficina del Censo de Estados Unidos (2000)

Desintegración de los Estados

Un problema constante en algunos países es que una proporción considerable de la población no quiere ser parte de ese país y prefieren establecer una propia. (Una pequeña proporción de la población que se siente de esta manera tiene la opción más práctica de emigrar). ¿Cómo encaja esta aspiración fundamental en los derechos humanos fundamentales? La teoría demostró que un estado es un área delimitada del planeta cuya existencia política y límites está apoyada por sus residentes permanentes. Todos los residentes tienen la obligación igualitaria a hacerlo, esta obligación se origina de la participación igualitaria en el estado. La participación se refiere a todo lo que la Naturaleza ha provisto y al gobierno pero no a las cosas hechas por el hombre, la propiedad de que es trazable a una persona o personas.

    El proceso de desintegración del estado debe producirse en pasos discretos si es de ser consistente con los derechos de las personas. El primero es que la mayoría de la población en la entidad política que será desintegrada debe votar para separar del Estado la entidad existente para el propósito expreso de la creación de nuevas entidades. La teoría de los derechos humanos afirma que en el momento de la disolución, cada persona (hombres y mujeres mayores de edad) tiene el derecho a tomarse a sí mismo, más sus niños dependientes y posesiones y su capital del estado anterior a un nuevo estado de su elección. Por lo tanto, cada persona podrá declarar en qué estado ha decidido vivir. El segundo paso es determinar las fronteras de los nuevos estados basándose en la cantidad de personas que eligen cada estado. La frontera común podría ser difusa o incluir una zona de transición, la cual será finalizará después de que se vea cuántas personas realmente se van a reubicar. La organización del proyecto de reubicación sería fundamental para su éxito. Las computadoras serían vitalmente importantes en el almacenamiento de la información y para sugerir intercambios de puestos de trabajo y residencias. Carros y mano de obra suficientes podrían trasladar las posesiones de las personas en movimiento. Las posesiones inamovibles, tales como edificios, sería un problema grave pero podrían ser vendidos o negociados con gente que va al otro lado. En cualquier caso, la propiedad personal de bienes inamovibles se conserva (según la teoría de los derechos humanos) a través de la desintegración de un estado y el establecimiento de estados sucesores. La teoría de los derechos humanos no resuelve el problema práctico de trasladar un gran número de personas; más bien, fundamenta el derecho de los involucrados a tomar decisiones personales acerca de sí mismos y sus acciones. También señala a consideraciones prácticas como la verdadera causa de la vacilación. Respetar los derechos de cada persona requiere una cantidad enorme de planificación, control y trabajo. Requiere un enfoque similar al de un proyecto de construcción sin precedentes en tamaño y alcance. Sin embargo, estos proyectos de construcción se han logrado por la fuerza impulsora de la economía. Cuánto más motivo hay para garantizar la protección de los derechos de todos, cuando las fuerzas centrífugas provoquen la desintegración de un estado.

Injerencia Estatal

Las naciones del mundo están evidentemente reacias a interferir en los asuntos de otra nación. Lo mismo podría decirse de los sub-estados (provincias, municipios, etc.). Si la interferencia de un estado en los asuntos internos de otro generalmente era considerada aceptable en algunas circunstancias, entonces los asuntos internos de cualquier estado estarían sujetos a evaluación y posibles interferencias por otras organizaciones o estados. Pocas naciones encuentran esto atractivo, especialmente aquellos cuyos métodos y objetivos internos serían insostenibles si fueran analizados. La teoría de los derechos humanos no incluye tales consideraciones, sin embargo, puesto que se centra en los derechos fundamentales de cada persona. La teoría supone que la misión principal del gobierno es la protección de estos derechos y si en serio falla en esta misión, es un gobierno defectuoso que debe ser reemplazado. Si el gobierno impide que la población lo reemplace a través de una elección o emplea el fraude para ganar las elecciones, o esconde la verdad de sus transgresiones de la población, entonces el Gobierno ha perdido su derecho a gobernar. En ese caso no tiene un mandato que se apoya en los principios de derechos humanos y, por lo tanto, nada vale una reclamación a la inviolabilidad.

Por lo tanto, cualquier partido de cualquier lugar en el mundo puede intentar destituir a ese gobierno y dicha acción no es un delito contra los derechos de los ciudadanos.

Donde los derechos humanos entran más en juego es en la operación del gobierno sucesor. Tiene la misma obligación a los derechos humanos que tiene cualquier gobierno, que es proteger los derechos fundamentales de los ciudadanos, administrar lo que Dios/Naturaleza ha provisto para el beneficio de todos los ciudadanos presentes y futuros y operar de una manera honesta y eficiente en sus otras iniciativas. Además, debe reconocerse que el gobierno es propiedad de la población gobernada y por lo tanto es responsable ante ellos. Si se ha establecido el gobierno sucesor por estados que interfieren, entonces su obligación consiste en establecer un verdadero gobierno según lo definido anteriormente. Si establecen un gobierno que seriamente abandona estas funciones (el desconocimiento de los derechos fundamentales de las personas siendo el más serio), entonces la situación política habrá completado el círculo y el ciclo puede comenzar otra vez.

Conquista de los Estados

Los residentes de una nación tienen el derecho a la seguridad colectiva como la suma del derecho fundamental de cada uno a la seguridad personal. Asimismo, tienen derecho a la seguridad de sus bienes y el respeto por el entorno natural que poseen colectivamente. Por lo tanto, la teoría de los derechos humanos exige al menos los siguientes cumplimientos de una nación conquistadora: que menos muertes y lesiones es mejor que más de ellas, que menos destrucción de la propiedad personal es preferible a más de ella, que menos daño al ambiente natural es preferible a más de él. El abuso de los derechos humanos por la nación conquistadora justifica resistencia y contramedidas proporcionales por la población y también justifica la injerencia de otras naciones para detener el abuso. En realidad, se justifica que las naciones interfieran en otras naciones para proteger los derechos cuando están siendo abusados seriamente y sistemáticamente ya sea por una nación conquistadora o por un gobierno indígena (véase *Injerencia Estatal*). Sin embargo, la justificación es aún mayor cuando la nación conquistadora no tiene fundamento, en relación con los derechos humanos, de atacar la nación en cuestión.

Una razón para la conquista casi se vuelve neutra cuando es evaluada por la teoría de los derechos humanos. La teoría concluye que lo que ha provisto la Naturaleza/Dios pertenece igualmente a todo el mundo. También afirma que los países son zonas del planeta que se retienen de forma exclusiva por una población permanente. Los desequilibrios resultan cuando un país con una población comparativamente pequeña tiene una gran cantidad relativa de valiosos recursos naturales. Un país en la situación opuesta podría decidir unilateralmente (bilateralmente sería mejor, por supuesto) resolver este desbalance al anexionar el país rico en recursos. Tal acción podría considerarse un ajuste hacia el orden natural de distribución. El país que tiene algo que perder en esta acción probablemente se resistiría y provocaría una guerra. Estas guerras son posiblemente el resultado de la desigual forma en que se divide el mundo en países. Han sido comunes en el pasado y pueden repetirse en el futuro, especialmente cuando el mundo se vuelve más concurrido y aumenta el número de personas que sufren debido a la mala distribución de los recursos.

El observador de los derechos humanos considera estas guerras para la matanza innecesaria de los combatientes y no combatientes destrucción innecesaria de bienes y daños innecesarios al entorno natural. Si la conquista tiene éxito, el mismo observará al nuevo gobierno para dictaminar si protege los derechos especificados en la teoría de los derechos humanos. Además, para el reconocimiento que, a su debido tiempo, cada persona en el estado conquistado será una vez más un accionista igualitario en el gobierno y el gobierno será responsable ante el pueblo. En este sentido, los informes negativos por parte de los observadores de derechos humanos sin duda serán cubiertos por los medios de comunicación y también encontrarán su camino hasta los libros de historia.

Pobreza Mundial

¿Cuánta pobreza habría en el mundo si cada persona fuera reconocida por su gobierno como propietario igualitario de todo lo que Dios/Naturaleza ha provisto, como es requerido por el derecho humano natural? Cada hombre, mujer y niño entonces tendría derecho a un flujo de ingresos resultante de la explotación de tierras y recursos naturales. ¿Cuánta pobreza habría si todo lo creado en el negocio fuera reconocido como la propiedad de su creador y esta participación fuera comprada en una proporción justa del precio de venta al por mayor? Cada trabajador recibiría un salario justo. En gran medida, la pobreza de poblaciones enteras es el resultado de la no implementación de tales derechos fundamentales. El presionar para que se dé la implementación es atacar la causa raíz de la pobreza mundial.

Los esfuerzos de las organizaciones de caridad para aliviar la peor sin duda son dignas de elogiar. Sin embargo, los resultados dependen de factores poco fiables como las donaciones y la cooperación de gobiernos corruptos. Hay indicios, a principios del siglo XXI, de tales obras de caridad que adquirieron apoyo más directo de los países comparativamente ricos y de más conciencia entre poblaciones donantes del sufrimiento de las personas desfavorecidas (gracias a los medios de comunicación). Sin embargo, estos esfuerzos no tendrán el efecto constante para corregir la causa raíz del problema. La teoría de los derechos fundamentales mantiene la promesa de reencaminar la riqueza de la fuente, a todas las personas que tienen derecho a ellas. Todavía puede haber personas pobres después de esta revolución, y por lo tanto trabajo para las organizaciones benéficas, pero la cantidad de pobreza real debe ser mucho menor.

APÉNDICE

Resumen de los Derechos bajo la *Declaración Sankey*

1. El derecho a la vida.
2. Protección de los menores.
3. Deber a la comunidad.
4. Derecho al conocimiento.
5. Libertad de pensamiento y culto.
6. Derecho al trabajo.
7. Derecho de propiedad personal.
8. Libertad de movimiento.
9. Libertad personal.
10. Libertad de la violencia.
11. Derecho a la legislación.

BIBLIOGRAFÍA

La mayoría de la información para "Desarrollo Histórico" hasta el siglo XX se obtuvo de las siguientes fuentes.

1) Cranston, Maurice. *Qué Son los Derechos Humanos.* Londres: The Bodley Head, 1973.
2) Fields, A. Belden. *Replanteando los Derechos humanos para el Nuevo Milenio.* Palgrave: MacMillan, 2003.
3) Donnelly, Jack. *Derechos Humanos Universales en Teoría y Práctica.* Ithaca, N.Y.: Cornell University Press, 2003.
4) Walkins, F.M. Las Tradiciones Políticas del Occidente: Un estudio en el Desarrollo del Liberalismo Moderno. Greenwood Press, Edición de Reimpresión, 1982.
5) Deefenbeck,
6) James A. Derechos, Política y Economía. Lantham, Nueva York, Londres: University Press of America, 1995.

La siguiente referencia proporcionó información completa sobre el desarrollo de los derechos humanos desde la Guerra Mundial I.

7) Burgers, Jan H. El Camino a San Francisco: El Renacimiento de la Idea de los Derechos Humanos en el Siglo XX. Human Rights Quarterly 14(4), pp. 447-477, Nov 1992.

Otras Referencias
8) Gow, James. El Proyecto Serbio y sus Adversarios. Montreal: McGill-Queen's University Press, 2003
9) Cigar, Norman. Genocidio en Bosnia. Texas A&M University Press, 1995
10) Gutman, Roy A. Testigo al Genocidio. Nueva York: Macmillan Publishing Company
11) Sinnott-Armstrong, Walter. "Consecuencialismo", la Enciclopedia Filosófica de Stanford (edición de primavera de 2005), Edward N. Zalta (ed.), URL=http://plato.stanford.edu/archives/spr2005/entries/consequentialism/
12) Laura Reymond, Asha Mohamud, Nancy Ali. Mutilación Genital Femenina- Los Hechos. Publicación en Internet financiada por el Wallace Global Fund

AGRADECIMIENTOS

Mi primer encuentro con una perspectiva fuera de la mía, que era intensamente subjetiva, fue con una amiga de mucho tiempo, Sharon Carere, quien revisó los primeros tres capítulos y aplicó sus muchos años de experiencia como profesora de inglés. Sus indicaciones sobre el inglés me pusieron a pensar objetivamente y críticamente sobre mi propio trabajo.

Tomó varios años de desarrollo completar el libro a través de falsos comienzos, párrafos descartados y revisiones incontables, y todavía necesitaba pulirse para que fuera más apetecible para el público en general. Esto fue realizado por el editor profesional David Gargaro cuya corrección y edición estilística de textos ayudó a ajustar y a mejorar la escritura y la puntuación. La última edición por Thelma Barer-Stein, Ph.D ayudó a corregir las imperfecciones restantes.

www.ingramcontent.com/pod-product-compliance
Lightning Source LLC
Chambersburg PA
CBHW061642040426
42446CB00010B/1539